Psychologie für den Beruf

Boris von der Linde und

Svea Steinweg

Inhalt

Vorwort

Die Psychologie hält nicht selten verblüffende Erkenntnisse bereit, die uns im Berufsleben hervorragende Dienste leisten können. Reaktionen, Ansichten und Handlungen verstehen wir besser, wenn wir wissen, was uns unbewusst steuert. Erkenntnisse über typische Wahrnehmungsverzerrungen machen uns nicht nur die „Blindheit" eines ungeliebten Chefs verständlicher, sie führen auch dazu, eigene Urteile kritischer zu prüfen. Auch zu den Themen Motivation, Teamarbeit, Konflikte und Stress hat die Psychologie Forschungsergebnisse geliefert, die für unser berufliches Handeln von direktem Nutzen sind. Wie viel wertvolle Energie wird gebunden, weil uns das Verständnis psychologischer Zusammenhänge fehlt?

Mitarbeiter haben heute einen viel größeren Verantwortungsbereich als früher, Kollegen arbeiten immer häufiger in Teams zusammen und für Führungskräfte ist die rein fachliche Qualifikation nur noch eine von vielen Kompetenzen, die sie vorweisen müssen. Machen Sie sich die psychologischen Forschungsergebnisse, die wir Ihnen in diesem TaschenGuide vorstellen, zunutze.

Boris von der Linde und Dr. Svea Steinweg

Ich

Klarheit über unsere eigene Person zu gewinnen, ist ein wesentlicher Schritt für eine erfolgreiche Lebensgestaltung – in beruflichem wie in privatem Kontext. Was prägt unsere Persönlichkeit? Welche Motive lenken unser Handeln? Inwiefern beeinflussen uns Einstellungen, Selbstwertgefühl und Wahrnehmung?

In diesem Kapitel lesen Sie,

- welche Persönlichkeitsmodelle im Berufskontext praktikabel sind und wie Sie sie einsetzen können (ab S. 6),
- welche Bedürfnisse grundlegend sind und wie Sie Ihr Motivationsprofil erstellen (ab S. 17),
- wie unsere Einstellung unseren Umgang mit Erfolg und Misserfolg prägt (ab S. 23),
- was der Abgleich von Selbst- und Fremdbild bringt und wozu uns der Schutz unseres Selbstwerts verleitet (ab S. 28).

Was die Persönlichkeit ausmacht

Die Persönlichkeit spielt in vielen beruflichen Zusammenhängen eine bedeutende Rolle: in der Zusammenarbeit mit Kollegen, Mitarbeitern und Chefs oder auch bei der Frage, ob jemand für einen Beruf oder ein Aufgabengebiet geeignet ist. Sicher, Persönlichkeit ist für die Berufseignung nur einer von vielen Bausteinen. In Auswahlverfahren, wie Assessment Center oder Auswahlinterviews, werden auch viele andere Aspekte beobachtet: soziale Kompetenzen, kognitive Fähigkeiten (z. B. analytisches Denken) und natürlich die fachlichen Qualifikationen. Dennoch erscheint uns zunächst das „Wesen" einer Person wichtig.

Beispiel

 Wenn wir gebeten werden, einen Kollegen oder eine Kollegin zu beschreiben, beginnen wir meist mit Aspekten der Persönlichkeit: „… ruhiger Typ, total nett und warmherzig, manchmal etwas zurückhaltend, wenn es darum geht, sich mit anderen auseinanderzusetzen …"

Wozu dienen Persönlichkeitsmodelle?

Wir werden Ihnen im Folgenden Persönlichkeitsmodelle vorstellen, die Ihnen helfen können, sich selbst, Ihre Mitmenschen, Kollegen und Chefs einzuordnen und zu charakterisieren. Doch wozu Modelle? Welche Vorteile bringen Sie gegenüber einer Einschätzung, wie wir sie im Alltag vornehmen?

Der Nutzen der Klassifikation bzw. der Verwendung von Persönlichkeitsmodellen liegt in folgenden Aspekten:

- Die Beschreibung anderer Personen (und auch unserer eigenen Person) fällt leichter, wenn wir einen Rahmen vorgegeben haben, in dem wir unsere Beobachtungen einordnen können.

- Die Begriffe, die in den Modellen verwendet werden, fassen sehr viele Verhaltensaspekte in plastischer Weise zusammen. Wenn man von einem Menschen sagt, er sei „extravertiert", ist dies informativer, als wenn man viele Einzelsituationen schildert, in denen sich die fragliche Person mal so oder so verhalten hat.

- Viele Zusammenhänge im eigenen wie im Verhalten anderer werden uns überhaupt erst bewusst. Warum können Herr Schön und Frau Mai partout nicht miteinander arbeiten? Auch wenn dies viele Gründe haben kann, ein Grund mag auch die unterschiedliche Persönlichkeit sein. Vielleicht liebt Frau Mai die ruhige, strukturierte Arbeit und Herr Schön ist sprunghaft, lebendig und kreativ? Persönlichkeitsmodelle geben dem, was wir an unterschiedlichem Verhalten sehen, einen Namen. Unsere Beobachtungen gewinnen so an Klarheit.

- Persönlichkeitsmodelle dienen der Selbstreflexion und eigenen Weiterentwicklung. Wenn Sie sich über die eigenen, grundlegenden Verhaltenstendenzen klar sind, sehen Sie auch Ihr berufliches Auftreten in einem anderen Licht. So manche Entscheidung über Ihre berufliche Zukunft wird Ihnen leichter fallen, wenn Sie sich der Grundzüge Ihrer Persönlichkeit bewusst sind.

Was bedeutet „Persönlichkeit"?

Aber was verstehen wir eigentlich unter Persönlichkeit? Persönlichkeit meint die Vielzahl von Facetten, die einen Menschen ausmachen, sein Tun kennzeichnen und zu den für ihn charakteristischen Wesensmerkmalen führen. Wenn wir im Alltag die Persönlichkeit eines anderen oder unsere eigene beschreiben, benutzen wir (meistens ohne es zu wissen) Begriffe, die die psychologische Forschung systematisch und präzise definiert hat. Machen Sie sich mit den folgenden Persönlichkeitsmodellen vertraut, die Ihnen Kategorien und Begriffe an die Hand geben, mit denen Sie Ihre eigene Persönlichkeit oder die anderer leichter einschätzen können.

Einfach und schnell: Vier-Typen-Modell

Das populäre und insbesondere in Trainings zu Kommunikation und Vertrieb häufig genutzte Vier-Typen-Modell ist pragmatisch und einfach zu verstehen. Zur Selbstreflexion oder zur Erklärung, warum bestimmte Kunden, Kollegen oder Mitarbeiter etwa in Konfliktsituationen auf eine bestimmte Art und Weise reagieren, ist dieses Modell gut geeignet.

Die Aussagekraft des Vier-Typen-Modells ist beschränkt. Für die Personalauswahl beispielsweise reicht die Differenzierungsfähigkeit des Modells nicht aus.

Das in Teilen auf Carl Gustav Jung – einen Schüler Sigmund Freuds – zurückgehende Modell, zieht zwei Persönlichkeitsdimensionen zur Beschreibung heran:

- die Dimension Extraversion versus Introversion,
- die Dimension Sachorientierung versus Personenorientierung. Wenn Ihnen der etwas unübliche Begriff „Personenorientierung" nicht gefällt, können Sie auch von Beziehungsorientierung sprechen.

Extraversion – Introversion

Die erste Dimension beschreibt so etwas wie Lebendigkeit im Auftreten. Extravertierte Menschen gehen stärker aus sich heraus, zeigen offener Gefühle, erscheinen weniger reserviert, sie sind kommunikativer und typischerweise etwas lauter und präsenter als die sogenannten introvertierten Menschen. Letztere wirken im Allgemeinen zurückgezogener, ruhiger, weniger kontaktorientiert.

> Beachten Sie dabei stets, dass die Ausprägung einer Persönlichkeitsdimension nicht an sich gut oder schlecht ist, d. h. es ist weder positiv noch negativ, wenn jemand extravertiert oder introvertiert erscheint. Ob man mit ruhigen oder lebendigen Menschen besser klarkommt, ist schließlich eine persönliche Sache.

Sachorientierung – Personenorientierung

Die zweite Dimension charakterisiert ein grundlegendes Herangehen an Situationen oder andere Personen. Wenn einer Person eine starke Personenorientierung zugesprochen wird, bedeutet das, dass sie ihren Fokus auf die Beziehung zu anderen Personen richten wird. Wer sich stärker der Sachorientierung zuordnen lässt, wird seine Handlungen vor allem auf die Sache ausrichten, Beziehungen sind sekundär.

Die vier Persönlichkeitstypen

Aus der Kombination dieser zwei Dimensionen ergeben sich vier Persönlichkeitstypen, die hier etwas überzeichnet dargestellt werden:

Das Vier-Typen-Modell im Überblick

Typ	Wirkung, Auftreten
Typ 1: extravertiert und sachorientiert, der Treiber	Lebendig auftretend, sich auf Aufgaben und Ziele konzentrierend. Dominant wirkend, weniger harmonieorientiert. Als Chef eher antreibend statt motivierend.
Typ 2: extravertiert und personenorientiert, der Ausdrucksvolle	Lebendig, mitreißend, motivierend, im Umgang sehr viel persönlicher als Typ 1, aber weniger stringent, zielorientiert. Als Chef eher Motivator.
Typ 3: introvertiert und sachorientiert, der Analytiker	Ruhig, aufgabenorientiert. Keine großen Auftritte. Wirkt nicht warmherzig, motivierend, sondern eher trocken und aufgabenbezogen.
Typ 4: introvertiert und personenorientiert, der Zuverlässige	Ruhig, zuhörend, empathisch, wenig konfliktorientiert. Steht nicht im Vordergrund. Als Chef eher zu weich auftretend, typischer Teamplayer.

Beispiele

Der Ausdrucksvolle: Herr Schneider, der Leiter einer Vertriebsabteilung, redet gerne viel und lange. Bei Kundenterminen geht er aktiv auf seine Kunden zu, Mitarbeitern gegenüber zeigt er sich auch mal emotional oder impulsiv.

Seine Mitarbeitergespräche beginnt Herr Schneider mit einem ernsthaften, persönlich wirkenden Small Talk, in dem es um den jeweiligen Mitarbeiter als Mensch geht. Die Mitarbeiter haben im Gespräch mit ihm das Gefühl, er interessiere sich dafür, wie es ihnen geht. Herr Schneider arbeitet aktiv an der Beziehung zu ihnen.

Die Analytikerin: Frau Hansen, eine seiner Mitarbeiterinnen, drängt sich nicht in den Vordergrund. Kunden gegenüber verhält sie sich eher distanziert und ruhig.

In Projektgesprächen stellt Frau Hansen meist bestimmte Sachverhalte in den Vordergrund, Small Talk empfindet sie als Zeitverschwendung. Das Gespräch mit ihr wirkt trocken und sachlich. Es wird primär über Aufgaben geredet.

In der Praxis gibt es natürlich keine Reinformen der vier Typen. Und wir dürfen nicht vergessen, dass es sich um ein sehr einfaches Persönlichkeitsmodell handelt, das zur Beschreibung von Personen im beruflichen Kontext (bei Präsentationen, in Konflikten, in Vertriebssituationen oder auch in Führungssituationen) zwar nützlich sein kann, aber bei Weitem nicht die Spannbreite menschlichen Verhaltens erklärt. Dennoch kann es den Umgang mit anderen erleichtern, indem es Ihnen Erklärungen für den einen oder anderen Verhaltensaspekt liefert oder indem es Zusammenhänge eröffnen, die Ihnen sonst verborgen geblieben wären.

Welche Tragweite besitzt das Vier-Typen-Modell?

Wir haben bereits davor gewarnt, in die vier Typen allzu viel hineinzuinterpretieren. Das Modell sagt nichts aus über Intelligenz, Humor oder moralische Werte und Einstellungen. So kann z. B. ein als Treiber zu charakterisierender Mensch aufgrund seiner Erziehung ein extrem sozialer und mitarbeiterorientiert denkender Chef sein. Trotzdem wird er nicht warmherzig erscheinen, aber womöglich sehr sozial handeln. Ein als zuverlässig erscheinender Mensch muss nicht zwingend gutherzig und freundlich sein. Er kann auch ein notorischer Lügner sein. Und der Analytiker kann durchaus sehr klug und witzig auftreten, trotzdem wird er nicht im eigentlichen Sinne lebendig und spritzig wirken.

Die vier Typen charakterisieren also ganz grundlegende Verhaltenscharakteristika. Diese können in beruflichen Kontexten eine Rolle spielen, wie die folgenden Beispiele zeigen.

Beispiele

 Können Sie sich einen Analytiker als erfolgreichen Gebrauchtwagenverkäufer vorstellen oder als Animateur auf einem Schiff? Wohl eher nicht. Einen Treiber kann man sich kaum als warmherzigen, geduldigen Leiter einer therapeutischen Selbsthilfegruppe vorstellen, oder einen Ausdrucksvollen als Programmierer, der sich mehrere Wochen in sein Büro zurückzieht, ohne Kontakt zur Umwelt. Oder wird ein Zuverlässiger als kalter Sanierer daherkommen, der in einem Unternehmen Mitarbeiter entlässt – ohne Rücksicht auf menschliche Beziehungen? Das wird ihm als konfliktscheuer und weicher Mensch wohl kaum gelingen.

In Einzelfällen mögen solche Beispiele vorkommen, der Normalfall wird es nicht sein. Und natürlich ist Erfolg im Beruf noch von vielen anderen Aspekten abhängig. Dennoch kann das Vier-Typen-Modell eine erste grobe Einschätzung einigermaßen zuverlässig leisten.

Differenzierter und aussagekräftiger: das Fünf-Faktoren-Modell

Wenn Sie im Verständnis der Persönlichkeit tiefer gehen wollen, können Sie das Fünf-Faktoren-Modell zurate ziehen. Hier spielen mehr als die genannten zwei Dimensionen eine Rolle. Das Fünf-Faktoren-Modell ist als eine Art wissenschaftlicher Konsens entstanden. In zahllosen Persönlichkeitsfragebogen hatten sich immer wieder ähnliche Grunddimensionen herauskristallisiert. Diese bilden die Grundlage des Fünf-Faktoren-Modells. Das Modell eignet sich recht gut für eine differenzierte Beschreibung der Persönlichkeit. Es werden – gegenüber dem Vier-Typen-Modell – auch Aspekte wie emotionale Stabilität, Offenheit für neue Erfahrungen sowie Verträglichkeit aufgenommen, da diese Aspekte Menschen sehr deutlich voneinander unterscheiden, wie im Alltag leicht nachzuvollziehen ist.

Das Fünf-Faktoren-Modell im Überblick

Dimension	Ausprägung
Neurotizismus	Diese Dimension bezeichnet die emotionale Stabilität einer Person. Wenig neurotisch geprägte Menschen gelten als emotional stabil, ruhig, ausgeglichen und sorgenfrei. Sie geraten auch in Stresssituationen nicht sehr leicht aus der Fassung. Neurotischere Menschen wirken emotional instabil, sie reagieren nicht selten launisch.
Extraversion	Introvertierte Personen erscheinen ausgeglichen, zurückhaltend und konzentriert. Sie sind durchaus gern allein, unabhängig. Extravertierte sind geselliger, lauter, tendenziell selbstsicherer. Sie wirken aktiv, gesprächig, heiter und optimistisch. Extravertierte fühlen sich in Gruppen und auf gesellschaftlichen Versammlungen wohler als introvertierte Personen.
Offenheit für Erfahrungen	Hohe Offenheit steht für ausgeprägtes Interesse an neuen Erfahrungen, Erlebnissen und Eindrücken. Personen mit niedriger Ausprägung zeigen eher konventionelles Verhalten und neigen zu konservativen Einstellungen. Sie ziehen Bewährtes und Bekanntes dem Neuartigen vor.
Verträglichkeit	Personen mit hohen Ausprägungen begegnen anderen mit Verständnis, Wohlwollen und Mitgefühl. Sie nehmen gern die helfende Rolle ein

Dimension	Ausprägung
	und neigen dazu, anderen zu vertrauen. Personen mit niedrigen Werten sind im Gegensatz dazu egozentrischer, misstrauischer und sie verhalten sich eher wettbewerbsorientiert als kooperativ.
Gewissenhaftigkeit	Personen mit hohen Werten auf dieser Skala erscheinen sorgfältig, planend, organisiert. Sie handeln eher zuverlässig und überlegt. Personen mit niedrigen Werten erscheinen weniger sorgfältig, unachtsam und ungenau.

So wenden Sie die fünf Faktoren an

Im Berufsalltag wird es Ihnen schnell gelingen, Ihre Kollegen anhand der Faktoren zu klassifizieren. Da finden Sie den gewissenhaften, verträglichen, gleichzeitig aber etwas inflexiblen (wenig offenen und risikobereiten), ruhigen und stabilen Kollegen. Oder Sie entdecken den lebendigen, verträglichen, offenen Kollegen, der gleichzeitig wenig gewissenhaft ist und emotional labil wirkt. Sie sehen: Das Fünf-Faktoren-Modell ermöglicht eine wesentlich genauere Beschreibung der Persönlichkeit als das Vier-Typen-Modell.

Übung

 Beschreiben Sie eine Ihnen nahestehende Person oder den Chef/ die Chefin mit dem Fünf-Faktoren-Modell. Tun Sie dies so, als würden Sie diese Person uns, den Autoren, anhand dieser Begriffe beschreiben. Nehmen Sie diese Einschätzung auch anhand des Vier-Typen-Modells vor und vergleichen Sie das Ergebnis.

Im Internet existiert inzwischen eine Vielzahl von kostenlosen Fragebogen, die die fünf Faktoren überprüfen. Sie finden sie unter Stichworten wie: Fünf-Faktoren-Inventar oder 5 Faktoren der Persönlichkeit. Allerdings ist die wissenschaftlich abgesicherte Version (der NEO-FFI von Costa und McCrae) nicht als kostenlos im Internet zu haben.

Übung

 Ein Mensch verfügt laut eines Fragebogens über niedrige Werte bei Neurotizismus und Extraversion, hohe Werte bei Offenheit und Verträglichkeit und einen mittleren Wert bei Gewissenhaftigkeit. Was für ein Bild machen Sie sich nun von ihm? Denken Sie, dass diese Person ein guter Staubsaugerverkäufer wäre? Wohl kaum. Für einen solchen Menschen wären eher Tätigkeiten denkbar, bei denen mit Menschen gearbeitet wird, wo es darum geht zu kooperieren, zu unterstützen und gemeinsam Lösungen zu erzielen.

Beruf und Persönlichkeit

Im Berufsleben trifft man auf unterschiedliche Charaktere: hervorragende Fachleute, warmherzige Kollegen oder auch zielorientierte Karristen. Die dargestellten Persönlichkeitsmodelle geben keinen Aufschluss darüber, ob jemand ein Fachmann ist, ob er eine Führungskraft werden möchte oder ob er oder sie einen bestimmten Beruf ergreifen wird.

Sicher gibt es einige Berufe, in denen sich bestimmte Typologien häufiger wiederfinden (siehe die Beispiele S. 12). So dürfen wir annehmen, dass in einem Vertriebsjob eher offene, kontaktorientierte Personen zu finden sind. Eben weil diese Tätigkeit den Kontakt zu Menschen mit sich bringt. Vor allem in Berufen, die ganz bestimmte Eigenschaften voraussetzen, wird die Persönlichkeit einen Aussagewert über Erfolg oder Misserfolg besitzen: Der Kundenberater braucht Kontaktfreude, ein Controller sollte gewissenhaft sein und ein Theaterregisseur offen für Erfahrungen. Aber betrachten wir einmal den Beruf des Mediziners. Hier finden sich ganz sicher die unterschiedlichsten Typologien, extravertierte sowie introvertierte Menschen, eher menschlich warm auftretende ebenso wie kühl und distanziert wirkende. Es gehört offensichtlich viel mehr dazu als nur die reine Persönlichkeit, wenn es darum geht, den einen oder anderen Beruf zu ergreifen oder karrierebewusst zu sein oder ein Forscher oder eine Forscherin zu werden. Was steuert uns, was gibt uns die Richtung im Leben vor?

Bedürfnisse und Motive

Menschen haben grundlegend verschiedene Bedürfnisse und Motive im Zusammenhang. Diese prägen womöglich noch viel mehr als die bisher erwähnten Persönlichkeitsfaktoren, welchen beruflichen Weg jemand einschlägt.

Bedürfnisse im Arbeitsleben

Der US-amerikanische Forscher Frederick W. Herzberg sprach im Zusammenhang mit den Bedürfnissen im Arbeitsleben von Hygienefaktoren und Motivatoren. Fehlen die Hygienefaktoren oder werden sie nachträglich entzogen, empfinden die betroffenen Mitarbeiter ein Defizit. Die Folge: De-Motivation. Man könnte auch sagen, dass die sogenannten Hygienefaktoren die Aspekte charakterisieren, die wir im Sinne eines Grundbedürfnisses am Arbeitsplatz erwarten. Folgende Umstände fasste Herzberg unter Hygienefaktoren zusammen:

- anforderungs- und leistungsgerechtes Gehalt,
- kollegiale Beziehungen am Arbeitsplatz,
- Gewährleistung von Information und Kommunikation,
- angemessene Arbeitsplatzgestaltung und -ausstattung,
- Arbeitsplatzsicherheit,
- Sozialleistungen.

Doch führen diese Aspekte allein nicht dazu, dass Menschen wirklich motiviert arbeiten. Dazu bedarf es insbesondere der sogenannten Motivatoren. Dies sind nach Herzberg:

- Leistungen und Erfolge,
- Anerkennung, Lob und Wertschätzung,
- Übernahme von Verantwortung,
- herausfordernde Tätigkeiten,
- Aufstiegs- und Karrieremöglichkeiten,
- Ausbildungschancen und Lernerfolge.

Und tatsächlich sind es vor allem diese Aspekte, die Menschen im Berufsleben motivieren und damit auch in persönlicher Hinsicht zufrieden machen. Denkt man an manche sogenannten Garagenfirmen, dürften die meisten Hygienefaktoren dort nur ganz grundlegend vorliegen. Aber die Menschen, die dort arbeiten, sind hoch motiviert und engagiert. Hier sind es die Motivatoren (Herausforderung, interessante

Produkte, Gemeinschaft), die über das Fehlen der Hygiene-faktoren hinwegtrösten, die die Menschen an ihre Aufgabe binden und sie morgens freudig zur Arbeit fahren lassen.

Motive

Neben allgemeinen Aspekten, wie den oben genannten Moti-vatoren, spielen auch ganz individuelle Motive eine Rolle. Sie haben die Erfahrung sicher selbst schon machen können, wenn Sie mit einem neuen Team zu tun hatten: Die Kollegen sind nicht nur hinsichtlich des Temperaments (bzw. der Typo-logie) unterschiedlich, sondern sie springen auch auf ganz unterschiedliche Dinge an.

Beispiel

Herr Lindemann fühlt sich besonders geschmeichelt, wenn die Führungskraft ein vollendetes Werk lobt und dabei die fachliche Brillanz hervorhebt.

Frau Koch möchte gern große Räder drehen. An kleinen Präsen-tationen herumzufeilen, macht sie wahnsinnig – obwohl sie, wenn sie muss, sehr detailorientiert arbeiten kann. Am liebsten entwirft sie Konzepte, plant und begleitet Veränderungen.

Herr Braun gibt gern sein Wissen weiter, und fühlt sich sehr wohl in der Rolle des Mentors gegenüber jüngeren Kollegen. Er scheut allerdings die große Verantwortung, d. h., er übernimmt ungern große Projekte – obwohl er dazu fachlich wie intellektu-ell sehr gut in der Lage wäre.

Frau Schneider ist ein Freigeist. Ihr erscheint es wichtig anders, individueller als Kollegen aufzutreten. Ihre Beiträge sprühen nur so vor Kreativität und Einfallsreichtum. Nur widerwillig lässt sie sich einengen.

Wie sieht Ihr Motivationsprofil aus?

Um solche unterschiedlichen Motivlagen zu beschreiben, bietet sich ein Motivationsprofil an. Dieses orientiert sich an den in der Praxis beobachtbaren Motiven, weniger an exakten, wissenschaftlichen Überlegungen. Dennoch ist es sehr nützlich zur Beschreibung des eigenen Handelns und des Handelns von Kollegen im Arbeitskontext.

Kriterien für Ihr Motivationsprofil

- Einflussmotivation: Will Einfluss nehmen, andere (auch im positiven Sinne) steuern

- Veränderungsmotivation: Will Strukturen verändern, bewegen, den Dingen seinen eigenen Stempel aufdrücken

- Herausforderung: Will sich selbst permanent neue, herausfordernde und schwierige Ziele setzen und erreichen

- Wettbewerbsstreben: Will sich mit anderen messen, eigene Leistung mit anderen vergleichen

- Qualitätsverständnis: Streben nach möglichst perfekten Ergebnissen

- Wille zum konzeptionellen Vorgehen: Streben nach verwertbaren, durchdachten Konzepten mit Ergebnisorientierung

- Problemlösemotivation: Will auch unter widrigen Umständen Probleme lösen

- Streben nach Flexibilität: Suchen nach immer wieder wechselnden und fordernden Tätigkeiten

- Selbstdarstellung: Streben danach, sich von anderen zu unterscheiden, individuell zu sein

- Anschlussmotivation: Kontakt zu anderen Menschen suchen, Suche nach kollegialem Miteinander

- Anerkennung: Streben nach Anerkennung / Rückmeldung von Kollegen oder Mitarbeitern

- Entwicklung: Will die eigene Persönlichkeit entwickeln, lernen, sich kontinuierlich fortbilden

- Status: Strebt nach Ansehen im Beruf (anerkannte Position, nach außen sichtbare Symbole)

- Materiell: Will z. B. ein hohes Gehalt und einen damit verbundenen Lebensstil erreichen / halten

Übung

 Greifen Sie einmal fünf Kriterien aus der oben stehenden Liste für Ihr Motivationsprofil heraus, die Ihnen in Ihrem Arbeitskontext wichtig erscheinen. Dann wählen Sie fünf Kriterien aus, die Ihnen – im Vergleich – weniger wichtig erscheinen. Versuchen Sie dies auch in Bezug auf Ihre Kollegen oder Mitarbeiter.

Sie werden sehen, dass Sie diese Übung zu klareren Zielvorstellungen in Ihrer beruflichen Laufbahn führen kann bzw. zu einem besseren Verständnis des Verhaltens Ihrer Kollegen oder Mitarbeiter.

Wie unsere Motive die Karriere beeinflussen

Es liegt auf der Hand, dass unsere Motive einen starken Einfluss darauf haben, welche Aufgaben wir im Beruf anstreben. Wer sich durch eine starke Einfluss- und Veränderungsmotivation auszeichnet, wird womöglich eine Führungskarriere anstreben und damit verbundene Ziele haben. Wer eher konzeptionell orientiert ist, gleichzeitig qualitätsbewusst und wenig statusorientiert, wird wahrscheinlich in der Entwicklungsabteilung glücklich. Doch Motive können sich im Laufe des Lebens immer wieder ändern.

Beispiel

 Susanne Weber hat sich während ihres Studiums der Informatik nur für die Inhalte interessiert – nicht für ihre spätere Karriere. Seit drei Jahren ist sie Programmiererin in einem mittelständischen Unternehmen und bisher war sie sehr zufrieden mit ihrer Tätigkeit. Doch es regen sich neue Bedürfnisse: Sie wünscht sich, auch auf unternehmerische Entscheidungen Einfluss zu nehmen und langfristige Entwicklungen mit zu steuern. Sie strebt jetzt eine Führungskarriere an. Wenn sie später Familie und Kinder hat, wird sich die Motivlage wahrscheinlich erneut ändern.

Die Motive für unser Handeln sind alles andere als statisch. Menschen können sich im Berufsleben diesbezüglich sehr stark verändern.

Wahrnehmung und Einstellungen

Das Auftreten im Berufskontext wird wesentlich durch die Wahrnehmung der Umwelt geprägt. Ein Mensch, der in vielen beruflichen Situationen Risiken sieht und Angst davor hat zu scheitern, wird anders agieren als eine Person, die risikobereit ist und sich eher als Gestalter und nicht als Opfer sieht.

Sind Sie ein Opfer oder ein Gestalter?

Auf Steven Covey (Wirtschaftswissenschaftler und Managementberater) geht die Idee zurück, Menschen danach zu unterscheiden, ob sie eher als Opfer oder als Gestalter auftreten. Zur Verdeutlichung dieser Idee nehmen wir einmal an, dass alles, was um uns herum passiert, in zwei Bereiche zu unterteilen ist: in einen Bereich der Betroffenheit und in einen Einflussbereich.

Beispiel

Wenn die Gaspreise erhöht werden, wenn sich das Wetter ändert, wenn in einem Unternehmen entschieden wird, dass eine Auslandsdependance gegründet wird, fällt das in den sogenannten Betroffenheitsbereich. Diesen Bereich können Sie nicht direkt beeinflussen.

Wenn Sie nun allerdings handeln, indem Sie z. B. die Heizung herunterregeln, sich warm anziehen und sich im Unternehmen an der Gründung der neuen Dependance beteiligen, dann schaffen Sie Ihren eigenen Einflussbereich. Das ist also der Bereich, in dem Sie selbst handlungsfähig sind, den Sie selbst gestalten können.

Opferrolle

Menschen, die sich in der Opferrolle sehen, nehmen – dem Modell nach – im Grunde nur den Betroffenheitsbereich wahr. Ihre Wahrnehmung ist auf diesen Bereich fokussiert. „Ich kann ja doch nichts ändern. Die machen doch, was sie wollen." So lauten typische Sinnsätze eines Menschen, der sich in der Opferrolle sieht. Entsprechend passiv wird sich diese Person verhalten.

Gestalterrolle

Menschen, die sich als Gestalter verstehen, fokussieren ihre Wahrnehmung auf die Aspekte, die in ihrem Einflussbereich liegen. Diese Menschen sehen also eine Fülle an Ansatzpunkten – selbst in objektiv ungünstigen Situationen. Der bekannte Spruch „Love it, change it or leave it" drückt genau das aus. Entweder lieben wir unser Unternehmen, unseren Bereich. Wenn nicht, dann versuchen wir aktiv etwas zu ändern, d. h. wir verhalten uns nicht passiv. Oder wir verlassen das Unternehmen. Aber: Jammern gilt nicht.

Übung

 Reflektieren Sie über Ihre eigene Situation: Was ist der Betroffenheits- und was der Einflussbereich? Sehen Sie sich eher als Opfer oder als Gestalter? Woran machen Sie das fest?

Erfolg und Misserfolg

Eng verknüpft damit, ob jemand eher als Opfer oder Gestalter auftritt, ist seine Interpretation von Erfolg und Misserfolg. Menschen lassen sich aufgrund ihrer Erklärungen in Bezug auf Erfolgs- und Misserfolgserlebnisse unterscheiden. Dabei werden zwei Dimensionen für die subjektiv wahrgenommenen Ursachen von Leistungsergebnissen betrachtet:

- Der Ort der Verursachung: internal („Ich habe selbst alles unter Kontrolle") oder external („Die Situation ist verantwortlich") und

- die zeitliche Stabilität: stabil (tritt immer auf) oder instabil (mal so, mal so).

Auf wessen Konto gehen Erfolg und Misserfolg?

zeitliche Stabilität	Ort der Verursachung	
	in der Person (internal)	in den Umständen (external)
stabil	1: eigene Begabung und Fähigkeit	2: Schwierigkeit der Aufgabe
instabil	3: eigene Anstrengung (Stimmung, Müdigkeit, Krankheit)	4: Zufall

Auf der Basis dieser Erkenntnisse lassen sich Menschen aufgrund ihrer unterschiedlichen Arten, ein Ergebnis (z. B. eine verpatzte Prüfung) zu erklären, als Optimisten oder Pessimisten bezeichnen:

- Optimisten schreiben ihre Erfolge der eigenen Begabung zu (stabil-internal), während sie für Misserfolge externe Umstände wie z. B. Arbeitsbedingungen oder die Marktsituation verantwortlich machen. Misserfolge werden als ein zufälliges Geschehen, als momentanes Pech interpretiert, das aber die Ausnahme bildet (instabil-external).

- Pessimisten neigen umgekehrt dazu, Erfolge eher als zufällige Ereignisse bewertet werden, die aufgrund besonders günstiger Arbeitssituationen eingetreten sind (instabil-external), während sie Misserfolge mit stabil-internalen Faktoren wie mangelnde Fähigkeiten und Begabung erklären.

Beispiel

Die Physikprüfung nach dem ersten Semester haben weder Jörg noch Roland bestanden. Jörg interpretiert die verpatzte Prüfung optimistisch: „Der Prüfer war einfach unangenehm. Ich habe mich auch nicht richtig angestrengt. War einfach Pech. Das nächste Mal wird's besser." Roland geht ganz anders damit um. Sein pessimistisches Statement lautet: „Ich kann nicht genug, das war schon in der Schule so."

Optimisten verfügen häufig über ein hohes Maß an Selbstvertrauen und Vertrauen in die eigenen Kompetenzen, können damit aber auch zur Selbstüberschätzung neigen. Sie haben Mühe, Misserfolge auf mangelnde Fähigkeit oder Anstrengung zurückzuführen, was eine Selbstreflexion erschwert (sofern die Person tatsächlich einmal selbst für den Fehler verantwortlich ist).

Umgekehrt haben Pessimisten oft Zweifel an ihren eigenen Fähigkeiten, auch wenn diese Zweifel unbegründet sind. Die geringe Erfolgszuversicht ist oft auf mangelndes Selbstvertrauen zurückzuführen.

Natürlich gibt es auch Menschen, bei denen das dargestellte Schema nicht so extrem zutrifft. Diese Personen sehen die Ursachen mal in äußeren Umständen, mal in eigenen Fähigkeiten begründet, je nach Situation.

Selbstwertgefühl, Selbst- und Fremdbild

Selbstwertgefühl

Der Selbstwert ist der Eindruck, den ein Mensch von den ihn auszeichnenden Merkmalen hat, z. B. hinsichtlich seiner Fähigkeiten oder seines Charakters. Das Selbstwertgefühl wiederum ist das Resultat aus dem Abgleich mit den Anforderungen der Umwelt. Wenn jemand der Ansicht ist, charakterlich oder hinsichtlich bestimmter Fähigkeiten dem Leben oder dem Job nicht gewachsen zu sein, ist das Selbstwertgefühl niedrig. Ist das Selbstwertgefühl wenig ausgeprägt, kann sich dies z. B. in den folgenden Verhaltensweisen äußern:

- Stärkere Abhängigkeit von der Umgebung, Tendenz zum Ja-Sagen, ohne dass die eigene Meinung gezeigt wird,

- Verlangen nach Sicherheit, eher weniger Experimente, kein Risiko,

- Oder aber: gerade deshalb starkes Geltungsbedürfnis und damit verbunden der Wunsch, besondere Erfolge vorzuweisen, sowohl im beruflichen als auch privaten Bereich (z. B. Sport oder Vereine).

> Wenn Menschen im Berufskontext etwas tun oder unterlassen, geschieht dies – unbewusst – auch immer in der Absicht, ihr Selbstwertgefühl zu stärken bzw. Angriffe auf das Selbstwertgefühl abzuwehren.

Feedback und Selbstwertgefühl

Feedback ist die Rückmeldung, die andere uns über unser Verhalten geben. Im Grunde finden solche Feedbacks ständig statt, wenn wir mit anderen Menschen in Kontakt sind. Selbst der Gesichtsausdruck unseres Gegenübers kann ein Feedback auf das Gesagte sein. Eine Rückmeldung zum eigenen Verhalten, die ganz und gar nicht der erwarteten Rückmeldung entspricht, kann das Selbstwertgefühl bedrohen: „Bin ich wirklich so, oh Gott!" Das Selbstwertgefühl kann aber auch durch ein Feedback angekratzt werden, das ehrverletzend, herabwürdigend oder einfach wenig wertschätzend gegeben wird. Deshalb sollte bei einem Feedback Folgendes beachtet werden:

Regeln für Feedbackgeber (z. B. im direkten Gespräch)

- Machen Sie deutlich, dass es sich um Beobachtungen, Meinungen und keinesfalls um Fakten handelt.

- Nutzen Sie Ich-Aussagen: Schildern Sie in der Ich-Form, was Sie selbst beobachtet haben, wie Verhaltensweisen auf Sie gewirkt haben, was Sie empfunden haben.

- Beschreiben Sie nur Verhaltensweisen, die prinzipiell veränderbar sind.

- Unterlassen Sie Wertungen, vor allem: Werten Sie den anderen nicht ab.

- Trennen Sie Person und Verhalten: Die Person an sich ist o. k. – das Verhalten ist jedoch verbesserungswürdig. Feedback ist keine Beurteilung einer Person.

Führungskräfte können z. B. bewusst oder unbewusst in Mitarbeitergesprächen ein wenig wertschätzendes oder abwertendes Feedback geben. Aber auch Mitarbeiter erhalten manchmal im Rahmen von Führungsfeedbacks die Möglichkeit, ihre Führungskräfte über die Freitextfelder zu beleidigen oder schlechtzumachen. Die Beachtung der oben beschriebenen Feedbackregeln ist gerade an dieser Stelle wichtig.

Selbstwertschutz

Menschen streben danach, das Selbstwertgefühl zu schützen und wenn möglich zu erhöhen. Je niedriger das Selbstwertgefühl einer Person ist, desto heftiger fallen manchmal die Reaktionen aus, die eigene Person zu schützen. Der Schutz des Selbstwerts kann sich auf die Informationsaufnahme auswirken (was jemand wahrnimmt), auf Prozesse des sozialen Vergleichs (man vergleicht sich z. B. mit schwächeren Personen) und auf die Erklärung von Erfolgen und Misserfolgen („Die anderen sind schuld.").

Beispiel

Nachdem Herr Meier, der Abteilungsleiter, das Feedback seiner Mitarbeiter an ihn gelesen hatte, brach eine Welt für ihn zusammen. Und gleichzeitig überkamen ihn eine gewisse Wut und das Gefühl, dass die Mitarbeiter lediglich undankbar seien. Von anderen Führungskräften hatte er gehört, dass sie auch nicht so gut oder sogar schlechter abgeschnitten hätten, was ihn in ein bisschen beruhigte. Dennoch saß er am Wochenende zuhause und war niedergeschlagen. Und auch in den nächsten Tagen im Büro war er reizbar und vergleichsweise aggressiv. Er fühlte sich ungerecht beurteilt und gab die Schuld dem Sozialneid, den er seinen Mitarbeitern unterstellte.

Das Bedürfnis nach Schutz des Selbstwerts führt u. a. zu folgenden Verhaltensweisen:

- Selektive Informationssuche: Man sucht nach einem Misserfolg gezielt nach Informationen, die klarmachen, dass auch viele andere in ähnlichen Situationen Schwierigkeiten haben.
- Vergleich „nach unten": Man misst sich bei Misserfolgen nicht an Kollegen in der gleichen Position, sondern an den eigenen Mitarbeitern oder Kollegen, die nicht dieselbe Erfahrung besitzen.
- Selbstwertdienliche Erklärungen von Erfolgen und Misserfolgen: Misserfolg wird durch externe Faktoren begründet, während Erfolge auf die eigene Person zurückgeführt, also internal erklärt werden (vgl. dazu S. 25).

> Auch in Konflikten entspringen viele irrationale Verhaltensweisen und Sichtweisen dem Bedürfnis nach Selbstwertschutz.

Im Sinne des Selbstwertschutzes kann – etwas salopp ausgedrückt – vor sich selbst gelogen und betrogen werden, dass sich die Balken biegen, ohne dass man sich dessen bewusst würde. Schützen kann man sich dagegen nur, indem man mit vertrauten Personen (Partnern, Kollegen) die eigene Sicht der Dinge diskutiert und so auf mögliche Verzerrungen aufmerksam gemacht wird. Ohne den Austausch mit anderen Personen, die die eigene Sicht auf die Dinge relativieren, kommt man schwer aus einem solchen Kreislauf heraus.

Selbstbild und Fremdbild

Wir alle haben ein Bild von uns selbst. Wir sind der Ansicht, dass uns bestimmte Dinge auszeichnen, dass wir bestimmte Fähigkeiten haben, auf eine ganz bestimmte Art und Weise wirken. Doch wie kann es passieren, dass die Umwelt dieses Bild manchmal überhaupt nicht teilt?

Beispiel

 Die Firma, in der Frau Meister seit Jahren eine Abteilung leitete, führte zum ersten Mal ein sogenanntes Führungsfeedback durch. Frau Meister war sich sicher, gutes Feedback seitens ihrer Mitarbeiter zu bekommen. Als sie den Bericht auf den Tisch bekam, war sie regelrecht geschockt! Gerade im Kriterium Wertschätzung bekam sie schlechte Noten. Wie konnte das sein? Sie war sich sicher, regelmäßig zu loben und gute Leistungen anzuerkennen.

Seit Einführung des sogenannten Führungsfeedbacks wird es vielen Führungskräften so gegangen sein wie Frau Meister. Auch Mitarbeiter, die von Kollegen oder der eigenen Führungskraft ein überraschendes Feedback bekommen haben, kennen womöglich das Gefühl, die Welt nicht mehr zu verstehen. Das Feedback legte in diesen Fällen offen, dass das Selbstbild nicht mit dem Fremdbild übereinstimmte. Und nichts ist verstörender, als die ureigensten Überzeugungen über die eigene Person in Frage gestellt zu sehen. Wie kommt es dazu, dass Selbstbild und Fremdbild so auseinanderklaffen können?

Das Johari-Fenster

Das Johari-Fenster, benannt nach den Autoren Joe Luft und Harry Ingham, ist ein Modell zur Verdeutlichung der unterschiedlichen Aspekte des Selbstbildes und des Fremdbildes. Besonderer Fokus wird dabei auf den sogenannten blinden Fleck gelegt, also den Teil, der uns selbst in der Regel verborgen ist, anderen aber durchaus bekannt.

Beispiel

 Eine Kollegin weist Sie darauf hin, dass Sie in Gesprächen sehr häufig Füllwörter verwenden wie „ähh…", oder leere Floskeln („eben halt"). Sie hat Sie damit auf einen Ihnen bislang unbekannten Aspekt aufmerksam gemacht – einen blinden Fleck in Ihrer Selbstwahrnehmung. Ohne diese Rückmeldung hätten Sie nie die Chance erhalten, sich dies wieder abzugewöhnen.

Die folgende Abbildung zeigt die Bereiche einer Person, die in der Selbst- oder der Fremdwahrnehmung bekannt oder unbekannt sind.

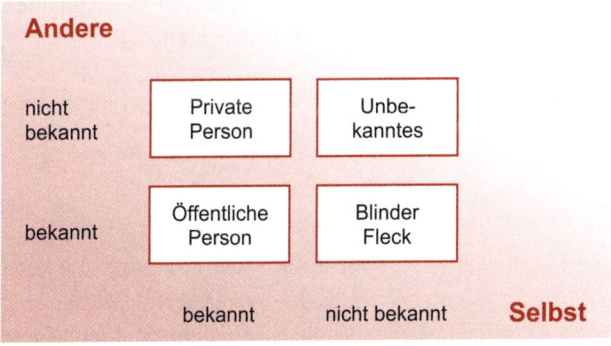

Das Johari-Fenster

- Quadrant „Private Person": Das ist der Bereich unseres Verhaltens oder unserer Persönlichkeit, der zwar uns selbst bekannt und bewusst ist, den wir aber anderen nicht offenlegen. Dazu gehören Gedanken und Aktionen, die wir anderen nicht gerne mitteilen, weil sie z. B. zu unseren empfindlichen Stellen gehören.

- Quadrant „Unbekanntes": Aspekte, die weder uns noch anderen bekannt sind, also Dinge, die womöglich erst in völlig neuartigen Situationen oder unter anderen Bedingungen zutage treten.

- Quadrant „Öffentliche Person": der Teil unserer Person, unseres Auftretens und Verhaltens, der sowohl uns als auch anderen bekannt ist und den wir offen und frei zeigen.

- Quadrant „Blinder Fleck": der Teil unseres Verhaltens, der für andere sichtbar und erkennbar ist, uns selbst dagegen nicht bewusst. Dies sind z. B. Gewohnheiten, Vorurteile, Körpergesten oder unsere Reaktionsweisen in bestimmten Situationen, die andere an uns beobachten.

> Zugang zur Sicht der anderen und zum blinden Fleck bekommt ein Mensch nur dann, wenn er von anderen Personen Feedback bekommt. Ohne Rückmeldung bleibt es ein blinder Fleck.

Die Bedeutung von Feedback

Eine Rückmeldung zu seinem Auftreten und seiner Wirkung gibt einem Menschen also die Möglichkeit, Selbst- und Fremdbild miteinander zu vergleichen und zu erfahren, wie er mit seinem Verhalten auf andere wirkt. Denn: In aller Regel können Menschen nur ahnen, wie sie tatsächlich von anderen Personen gesehen werden. Feedback im Berufskontext dient zudem dazu, den blinden Fleck, von dem wir oben gesprochen haben, zu reduzieren.

So können sich Kollegen durch Feedback hinsichtlich ihrer Leistung oder ihres Auftretens sehr wertvoll unterstützen. Und Führungskräfte können Feedback ganz bewusst dazu verwenden, ihre Mitarbeiter weiter zu entwickeln, indem sie ihnen aufgaben- und sachbezogenes Feedback im Hinblick auf ihre Arbeitsergebnisse geben. Die Erfahrung zeigt, dass einem Großteil der Menschen sehr daran gelegen ist, Feedback zu bekommen.

Für Führungskräfte ist das Feedback zu sich selbst (z. B. durch ein strukturiertes Führungsfeedback) fast noch wichtiger als für Mitarbeiter ohne Führungsverantwortung. Immerhin sind Führungskräfte für eine ganze Reihe von Mitarbeitern verantwortlich. In der Praxis jedoch haben viele Führungskräfte schon seit Jahren keine Rückmeldung zu eigenem Verhalten mehr bekommen.

Übung

 Mit guten Kollegen können Sie einmal ganz bewusst über Ihr Auftreten und Ihre Wirkung reflektieren. Nehmen Sie sich dazu eine Stunde Zeit und beschreiben Sie sich anhand charakteristischer Situationen. Beachten Sie dabei aber die Feedbackregeln (siehe S. 29).

Auf einen Blick: Ich

- Persönlichkeitsmodelle helfen bei der Selbst- und Fremd-einschätzung, sie lassen uns unser Verhalten und das anderer besser verstehen. Das Vier-Typen- und das Fünf-Faktoren-Modell liefern für den Berufszusammenhang ein praktikables Handwerkszeug.

- Neben anderen Faktoren steuern unsere Bedürfnisse unser Verhalten. Im Arbeitsleben kann man zwischen den Hygienefaktoren und den Motivatoren unterscheiden. Die Motivatoren sind es, die zu echter Motivation am Arbeitsplatz führen.

- Auch individuelle Motive steuern unser Verhalten im Arbeitskontext. Dazu gehören u. a. die Einflussmotivation, die Problemlösemotivation, das Wettbewerbsstreben oder die Suche nach Kontakt zu anderen.

- Ob man seine Umwelt als Gestalter oder als Opfer betrachtet, beeinflusst die Wahrnehmung. Insbesondere Erfolg und Misserfolg werden unterschiedlich interpretiert.

- Feedbacks erlauben es uns, unser Selbstbild mit dem Bild zu vergleichen, das andere von uns haben. Das Johari-Fenster macht deutlich, dass es einen blinden Fleck in der Selbstwahrnehmung gibt, dem man nur über Rückmeldung von außen auflösen kann.

Ich und die anderen

Mit fachlicher Qualifikation allein lässt sich heute kaum noch Karriere machen. Gefragt sind auch Menschenkenntnis und soziale Kompetenzen, etwas für die Teamarbeit oder im Kontakt mit Kunden.

In diesem Kapitel lesen Sie,

- welche Soft Skills im Job wichtig sind und was Sie trainieren können, um Ihre Sozialkompetenz zu steigern (ab S. 38),
- wie Sie Ihre Menschenkenntnis verbessern und Vorurteile vermeiden können (ab S. 47),
- wie Sie Wahrnehmungsverzerrungen entgehen (ab S. 49),
- welchen psychologischen Mechanismen Teambildung und Teamarbeit unterliegen (ab S. 55).

Soziale Kompetenz und Intelligenz entwickeln

Die Arbeitswelt ist mit den Jahrzehnten komplexer geworden, das Individuum ist viel stärker in den Mittelpunkt gerückt. Auch hat sich das Führungsverständnis grundlegend gewandelt sowie die Ansprüche der Kunden. Und vor allem hat sich damit eines geändert: der Stellenwert der sozialen Interaktion im Berufskontext. Heute ist es nicht mehr nur wichtig, *dass* man seine Arbeit macht, sondern auch *wie*. Jede Rezeptionskraft durchläuft eine Schulung, in der sie lernt, sich Kunden gegenüber serviceorientiert zu verhalten. Und weil es Kunden inzwischen gewohnt sind, serviceorientiert behandelt zu werden, bleiben sie eben weg, wenn sie an einer Hotelrezeption mürrisch abgefertigt werden.

Was sind Soft Skills?

Die Unterteilung in sogenannte harte und weiche berufliche Erfolgsfaktoren ist Ihnen sicher geläufig. Es ist damit etwas Ähnliches gemeint wie bei der ebenso geläufigen Unterteilung in fachliche und persönliche Voraussetzungen. Die einen sprechen von Soft Skills, die anderen von sozialer Kompetenz. Eines ist klar: In jedem Bewerbungsverfahren wird heute auch auf die Soft Skills geachtet.

Soft Skills meinen etwas anderes als Persönlichkeitswesenszüge, also Aspekte, die uns womöglich ein Leben lang auszeichnen und die sich meist nur aufgrund schwerer Lebenskrisen oder sonstiger besonderer Ereignisse ändern. Soft Skills sind häufig trainierbar, obwohl sie natürlich nicht völlig unabhängig von dem sind, was wir im Kapitel „Ich" als Persönlichkeit beschrieben haben (siehe S. 8 ff.).

Einige Soft Skills sind Ihnen als Begriff sicher schon einmal begegnet, z. B. Teamfähigkeit, Konfliktfähigkeit, Selbstmanagement, Selbstorganisation, vielleicht auch Überzeugungskraft, Durchsetzungsvermögen und Einfühlungsvermögen. Die genannten Aspekte können Führungskräfte wie Mitarbeiter gleichermaßen beschreiben. Wohlgemerkt sind dies alles Aspekte, die nichts mit der fachlichen Qualifikation zu tun haben.

Wie Sie Ihre Soft Skills trainieren

Soft Skills kann man in Seminaren, durch die Lektüre von Büchern oder im Austausch und im Miteinander mit Kollegen und Mitarbeitern weiterentwickeln. Wichtig erscheint hierbei, dass Sie sich zunächst über eigene Entwicklungsfelder oder Defizite bewusst werden. Als Mitarbeiter oder Mitarbeiterin können Sie sich von Kollegen Feedback zu einzelnen Soft Skills einholen.

Soft Skills sind in der Regel jedoch komplexe Merkmale, denen viele Teil-Fertigkeiten zugrunde liegen. Betrachten wir einmal den Begriff „Konfliktfähigkeit". Es bedarf zur Lösung oder Aushandlung von Konflikten einer ganzen Reihe solcher Teil-Fertigkeiten. So sollte man aktiv zuhören können, in der Lage sein, sachlich zu argumentieren, andere ausreden zu lassen usw. D. h., Konfliktfähigkeit ist nicht ein einheitliches Merkmal. Und die einzelnen Elemente (z. B. das Argumentieren) tauchen nicht nur bei dem Aspekt Konfliktfähigkeit auf. Das aktive Zuhören und das Argumentieren sind z. B. auch in Verhandlungen wichtig. Auch wenn man andere Soft Skills wie Teamfähigkeit oder Überzeugungskraft betrachtet, lassen sich stets grundlegendere Elemente finden.

> Möchten Sie Ihre Soft Skills trainieren und ausbauen, sollten Sie sich klar machen, welche Soft Skills für Sie interessant sind, und an den beschriebenen grundlegenden Elementen der einzelnen Soft Skills arbeiten.

Für das berufliche Umfeld greifen wir im Folgenden einige Soft Skills heraus, die praktisch bei jeder Arbeit im Kollegenkreis wichtig sind.

Durchsetzungs- und Konfliktfähigkeit

Einer – im positiven Sinne – durchsetzungs- und konfliktfähigen Person werden folgende Merkmale zugeschrieben:

- Sie weicht Konflikten nicht aus und kann ihre Auffassungen klar und deutlich auch gegen konkurrierende Meinungen vertreten.

- Sie erachtet die Konfliktlösung und Vermittlung für wichtiger als die Analyse und Zuweisung von Schuld.

- Sie geht Konflikte sachlich und ruhig an, sie wirkt nicht rechthaberisch oder aggressiv.

- Sie ist kritikfähig, d. h., sie zieht auch die Möglichkeit der eigenen Fehlbarkeit in Betracht.

Leitfaden fürs Training der Konfliktfähigkeit

1 Überdenken Sie Ihre Art mit Konflikten umzugehen: Weichen Sie Konflikten aus? Fällt es Ihnen schwer unangenehme Dinge auszusprechen? Oder werden Sie gar hitzig in Konflikten? Versuchen Sie, diese Aspekte bewusst zu verändern.

2 Trainieren können Sie auch, Kritikgespräche zu führen, sachliches und wertschätzendes Feedback zu geben. Eignen Sie sich dazu verschiedene Fragetechniken an (offene, geschlossene Fragen, konkretisierende Fragen, Fragen, die Selbstreflexion hervorrufen usw.), um den Standpunkt eines anderen zu ermitteln.

3 Holen Sie sich Feedback ein, wie Sie hinsichtlich Rechthaberei, Schuldzuweisung oder Empfindlichkeit in Konflikten auf andere wirken.

Einfühlungsvermögen und soziale Flexibilität

Einfühlungsvermögen ist die Fähigkeit, das Denken, Fühlen und Wollen anderer Menschen nachzuvollziehen. Einfühlende Menschen zeichnen sich durch folgende Merkmale aus:

- Sie hören in Gesprächen genau zu, beobachten den anderen und versuchen Schlüsse zu ziehen.

- Sie können sich in ihrer Art zu sprechen und im Verhalten auf Gesprächspartner einstellen.

- Sie sind in der Lage, im Gespräch die Sichtweise anderer einzunehmen.

- Sie haben eine gute Wahrnehmung für schwache Signale anderer und sie sind sich der eigenen Wirkung bewusst.

Leitfaden fürs Training des Einfühlungsvermögens

1 Sie können Ihre Kommunikationsfähigkeit verbessern, z. B. verschiedene Fragetechniken trainieren, aktives Zuhören, Feedback geben.

2 Eignen Sie sich (z. B. mithilfe dieses TaschenGuides) Konzepte und Ideen an über die Themen Selbst- und Fremdbild, Persönlichkeit und Typologien sowie Wissen über die Systematik der Beobachtung anderer Menschen (Menschenkenntnis). Der TaschenGuide „Körpersprache" eignet sich hier ebenfalls.

3 Überdenken Sie Ihre Einstellungen, Ihre Haltungen: Wollen Sie andere verstehen? Wollen Sie Kontakt zu anderen Menschen? Wollen Sie zuhören oder wollen Sie eigentlich lieber selbst reden?

Kommunikations- und Überzeugungskraft

Die Fähigkeit, sich zum einen verständlich auszudrücken und zum anderen, durch Argumentation und Auftreten zu überzeugen und letztlich mitzureißen, macht die Kommunikations- und Überzeugungskraft aus:

- Sie artikulieren deutlich und verständlich, unterstreichen das Gesagte durch eine lebendige Mimik und Gestik und Sie verfügen über ein breites Spektrum von Argumenten und Ideen, um Einwänden zu begegnen.
- Sie schweifen während eines Gesprächs nicht ab.
- Sie gehen aktiv auf andere zu und gestalten die Gesprächssituation mit.
- Sie strahlen Zuversicht und Tatkraft aus, Sie wecken mit Ihrem Gesprächsstil eine positive Stimmung.

Leitfaden fürs Training der Kommunikationskraft

1 Sie können rhetorische Elemente in entsprechenden Trainings schulen: Frage-, Argumentations-, Einwandbehandlungstechniken, Sprechen in Bildern und Metaphern, Gesprächsstrukturen.

2 Sie sollten sich intensives Feedback über Ihre Wirkung, Ihr Auftreten einholen. Hier bietet sich auch ein Training zu Präsentationstechniken an.

3 Setzen Sie sich mit den psychologischen Mechanismen auseinander, die bei der Überzeugung anderer eine Rolle spielen (z. B. durch Lektüre des Klassikers „Psychologie des Überzeugens" von R. B. Cialdini).

Selbstreflexion und Veränderungsbereitschaft

Selbstreflexion und Veränderungsbereitschaft spielen eine sehr bedeutende Rolle im Job. Wenn ein Mitarbeiter nicht veränderungsbereit oder nicht selbstreflektiert erscheint, wenn er sich nicht selbst in Zweifel ziehen kann, erfolgt kein Lernen. Und Letzteres ist, angesichts der permanenten Veränderungen, denen Unternehmen heute unterworfen sind, eine Grundvoraussetzung im Berufskontext. Folgende Aspekte gehören im Job dazu. Ein selbstreflektierter und veränderungsbereiter Mensch

- verfügt über realistische Einschätzungen der eigenen Person, der eigenen Stärken sowie Schwächen und setzt sich konstruktiv mit ihnen auseinander,
- analysiert eigene Erfolge und Misserfolge auf Hinweise für eigene Verbesserungsmöglichkeiten,
- ist offen für Kritik und Handlungsempfehlungen,
- investiert regelmäßig Zeit für die Erweiterung des eigenen Wissens, der eigenen Kenntnisse und Fähigkeiten.

Leitfaden fürs Training der Selbstbstreflexion

1 Holen Sie sich Feedback bei Kollegen, Mitarbeitern, Partnern – v. a. auch zu Ihrem Verhalten, wenn Sie kritisiert werden – und vergleichen Sie Ihr Selbstbild mit dem Fremdbild. Reflektieren Sie Ihre Wirkung.

2 Prüfen Sie regelmäßig, in welchen Bereichen Sie sich weiterbilden können, durch Trainings, Seminare, Lektüre oder einfach, indem Sie etwas Neues lernen.

3 Überdenken Sie Ihre Einstellungen, Ihre Haltungen: Wie stehen Sie zu sich selbst und ihren Schwächen und Stärken? Was empfinden Sie, wenn Sie kritisiert werden? Haben Sie Angst vor Neuem?

Teamfähigkeit

Im Allgemeinen versteht man unter Teamfähigkeit die Bereitschaft und die Fähigkeit, mit anderen zusammenzuarbeiten, Gedanken auszutauschen und gemeinsam Lösungen zu finden. Mitarbeiter werden im professionellen Umfeld dann als team- und integrationsfähig bezeichnet, wenn sie

- die Bereitschaft haben, sich ins Team einzugliedern, aufgabenorientiert zu handeln, sich für die gemeinsame Sache einzusetzen, die Gruppe durch persönlichen Einsatz voranzubringen;

- den Willen haben, mit anderen zu kommunizieren, sich auszutauschen;

- nicht auf eigenen Standpunkten auf Kosten brauchbarer Kompromisse beharren.

Leitfaden fürs Training der Teamfähigkeit

 1 Sie können rhetorische Aspekte trainieren, wie Konfliktgespräche oder Gruppenmoderation, sowie weitere Kommunikationselemente (aktives Zuhören, Fragetechniken usw.).

 2 Sie können sich Konzepte aneignen zur Bedeutung von Teamrollen (s. S. 63), zur Lösung von Teamkonflikten, der Diskrepanz von Selbstbild und Fremdbild (s. S. 32) ebenso wie Kenntnisse über Mobbing (s. S. 102) und Gruppendynamik (s. S. 55).

3 Und natürlich sollten Sie Ihre Einstellung überdenken: Will ich mit anderen arbeiten? Was kann ich tun, um als kooperativ wahrgenommen zu werden?

Andere wahrnehmen und einschätzen

Es gibt Menschen, die behaupten, sie seien in der Lage, das Wesen eines Menschen nach wenigen Minuten zu erkennen. Aus der Körpersprache ließe sich, so sagen sie, sehr schnell alles Wichtige über die wahre Person schließen. Allerdings sprechen alle Erkenntnisse der Psychologie gegen diese Menschenkenner. Die Problematik, wie menschliches Verhalten einzuschätzen ist und vor allem, ob sich dieses oder ein anderes Verhalten auch in der Zukunft zeigen wird, ist eine der Grundfragen der Psychologie. Würde ein findiger Kopf hier eine allgemeingültige und einfache Lösung finden: Der Nobelpreis wäre ihm sicher.

Menschenkenntnis – was heißt das?

Menschenkenntnis bedeutet in Volkes Mund: Menschen schnell und treffend zu beurteilen. Leider hat der Begriff seine Tücken. Sicherlich gibt es Menschen, die relativ schnell zu einer Auffassung über andere Menschen gelangen und diese dann auch noch eloquent darlegen können. Die Erfahrung zeigt: Um Menschen einschätzen zu können, bedarf es einer gewissen Zeit und Beobachtung. 10 Minuten reichen lediglich dazu aus, oberflächliche Charakteristika zu beurteilen. Prognosen sollte man nicht wagen.

Professionelle Menschenkenntnis, wie sie z. B. von Personen gefordert wird, die Personal auswählen, ist etwas anderes als das intuitive Erfassen einer Person. Die Methoden, die dort angewandt werden (z. B. Assessment Center, Interviews, Persönlichkeitsfragebogen) gehen weit über die Methoden eines nicht-professionellen Diagnostikers hinaus.

Persönlichkeit und Typologien

Ein erster Aspekt ist die Kenntnis von Persönlichkeitsmodellen. Die im Kapitel „Ich" dargestellten Persönlichkeitsmodelle - das Vier-Typen-Modell, aber auch das Fünf-Faktoren-Modell (siehe S. 13) – können Sie zur Einschätzung Ihrer Kollegen im Job verwenden.

Übung

 Sortieren Sie in einem auf einem Blatt Papier aufgemalten Vier-Felder-Schema einmal sich selbst, Ihre Kollegen und Ihren Chef oder Ihre Chefin ein. Wenn Sie es im Kapitel „Ich" schon getan haben, nehmen Sie noch einmal Ihre Einschätzungen zur Hand. Beantworten Sie dann die Fragen: Wie reagieren die unterschiedlichen Personen auf Konflikte? Welche der genannten

Personen könnte auch ganz gut Buchhalter, Verkäufer, Vorstand, Kapitän, Psychologe, Pfarrer oder Alleinunterhalter werden?

Stellen Sie ruhig einige weitere mögliche Fragen an die Persönlichkeit der so beurteilten Kollegen. Obwohl Ihre Einschätzung natürlich nicht wissenschaftlich im eigentlichen Sinne ist, orientiert sie sich zumindest an anerkannten, pragmatischen Modellen, die manchmal auch eine gute Verhaltensprognose im alltäglichen Miteinander erlauben.

Was besagt der erste Eindruck?

Ein erster Eindruck entsteht immer, wenn man mit jemandem zusammentrifft. Dem kann man sich nicht erwehren. Er ergibt sich aus der Körpersprache, d. h. der Stimme, Mimik, Gestik und einigen wenigen Handlungen und Dingen, die die einzuschätzende Person im ersten Moment tut und sagt. Dies ist recht wenig an Informationen – im Gegensatz z. B. zu denen, die man in einem Bewerbergespräch bekommt.

> Nach dem ersten Eindruck lassen sich allenfalls Aussagen machen, zu welcher grundlegenden Typologie die Person tendiert, d. h. ist sie eher introvertiert oder extravertiert, ist sie eher warmherzig oder sachlich kühl.

Der erste Eindruck ermöglicht jedoch keine Aussagen über Verschlagenheit oder – anders formuliert – Ehrlichkeit, über Intelligenz, Teamfähigkeit, Führungsfähigkeit, über Persönlichkeitsstörungen, Neurosen oder komplexe Soft Skills. Und: Der erste Eindruck ist eben nur der erste Eindruck. In weiteren Begegnungen gewinnt man häufig Informationen über die Person, die zu einem differenzierteren Blick auf diese führen.

Beispiel

 Es gibt im Bekanntenkreis des Autors hochdominante, steuernde Personen, die dennoch einen eher schlaffen Händedruck haben, andererseits konfliktscheue Personen, die im ersten Auftritt zupackend und offensiv wirken.

Übung

 Nehmen Sie bei einem ersten Treffen mit einem Menschen ganz bewusst die Beobachterposition ein. Welche Typologie sehen Sie, ist Ihr Gegenüber eloquent, kontaktorientiert, wie sind seine Manieren? Versuchen Sie bewusst, objektiv und vorurteilsfrei zu beobachten.

Erwartungshaltungen und Wahrnehmung

„Warum eigentlich hat der Kollege XY den Kunden so angeraunzt?" – „Weil er ‚nicht kundenfreundlich' ist, natürlich." Das Urteil ist rasch gefällt, die Sache klar. Objektiv betrachtet jedoch könnte das Verhalten des Kollegen ebenso an etwas ganz anderem liegen. Psychologen nennen die Erklärung von Verhalten Attribution. Die Erklärung „nicht kundenfreundlich" ist eine solche Attribution. Im Rahmen der Menschenkenntnis hat die Erklärung des Verhaltens einen wichtigen Stellenwert. Denn wenn wir zu erklären versuchen, warum jemand so oder so handelt, sagen wir damit etwas über ihn als Person aus. Nun haben psychologische Forschungen ein hochinteressantes Phänomen aufgedeckt: Nicht erst, wenn wir das Verhalten anderer erklären, werten wir. Wir steuern schon unsere Wahrnehmung, ohne dass uns dies bewusst wäre. Wie funktionieren solche Mechanismen?

Die Macht des Vorurteils: Gating- und Dissonanztheorie

Eine psychologische Theorie, die sogenannte Gating-Theorie beschreibt, wie Erwartungshaltungen dazu führen können, dass bestimmte Informationen, z. B. über Menschen, bereitwilliger zur Kenntnis genommen werden als andere. Die Gating-Theorie geht davon aus, dass die Informationsverarbeitung durch Erwartungshaltungen beeinflusst wird. Je nachdem, welche Erwartungen Sie z. B. gegenüber einer Person haben, werden Sie bestimmte Informationen vorselektieren und manche wahrnehmen, manche nicht. Natürlich können wir Vorurteile auch revidieren. Aber die Erfahrung zeigt, dass dazu deutlich stärkere Signale notwendig sind. Und manche Menschen lösen sich nie von ihren Vorurteilen.

Beispiel

Sie haben einen neuen Kollegen sehr früh einer Kategorie zugeordnet, z. B. der Kategorie „wenig durchsetzungsstark, schüchtern". In der Folge nehmen Sie Hinweise, die dies eventuell widerlegen könnten, gar nicht erst wahr und im Gegenteil Informationen, die den ersten Eindruck stützen, als hochwillkommen auf. Wie durch einen Filter werden genau die Informationen selektiert, die Ihre Kategorisierung stützen, widersprechende Hinweise dringen nicht mehr durch.

Die Dissonanztheorie geht noch weiter als die Gating-Theorie. Sie besagt, dass Informationen, die den Vorannahmen widersprechen – sofern sie überhaupt wahrgenommen werden –, sogar uminterpretiert werden und dass Menschen in ihren Meinungen, Werthaltungen und Einstellungen eine gewisse Widerspruchsfreiheit anstreben. Widersprüche werden als unangenehme Dissonanz erlebt.

Beispiel

 Im Alltag entstehen typische Widersprüche zwischen gesundheitsrelevanten Auffassungen (z. B. dass Rauchen gesundheitsschädlich ist) und der Erkenntnis, dass man dennoch raucht, nicht genug Sport treibt, zu viel isst oder zu lange bewegungslos im Büro sitzt. Auch ein bestimmtes Konsumverhalten kann Dissonanz auslösen. Jemand bekommt ein schlechtes Gewissen, weil er zu viel Geld für scheinbar sinnlose Dinge ausgegeben hat, denn eigentlich müsste er vorsorgen oder das Geld lieber in sinnvolle Dinge stecken.

Sobald eine Person Dissonanz empfindet, entsteht das Bestreben, diese zu reduzieren. Die Person kann entweder verändern, was sie über den entsprechenden Gegenstandsbereich denkt, oder was sie darüber wahrnimmt. Diesen Vorgang, das Gleichgewicht wieder herzustellen, nennt man Dissonanzreduktion. Hat also jemand im Berufskontext eine sehr feste, vorurteilsbehaftete Meinung (z. B. der Chef XY ist eine schlechte Führungskraft) und muss er zur Kenntnis nehmen, dass seine Beobachtungen nicht dazu passen (z. B. die Mitarbeiter dieses Chefs sind alle hochzufrieden), hat er folgende Möglichkeiten der Dissonanzreduktion:

- Er ändert seine Meinung bzgl. des abgelehnten Chefs,
- er interpretiert die Informationen um („Die Mitarbeiter werden alle manipuliert." oder „In Wirklichkeit haben die alle Angst."),
- er nimmt die Dissonanz gar nicht wahr (blendet sie aus).

Andere Wahrnehmungsverzerrungen

Über die beschriebenen, sehr stark wirkenden Aspekte hinaus, gibt es andere typische Wahrnehmungsverzerrungen. Diese sind eher allgemeiner Natur und haben damit zu tun, wie wir unsere Umwelt wahrnehmen. Dennoch spielen sie bei der Beurteilung anderer eine große Rolle:

- Generelle Milde- und Strengetendenz bei der Beurteilung anderer: Herr Schulz findet andere immer nett, entschuldigt alles und Frau Meier hält andere immer für zu langsam, zu unfreundlich usw.

- Halo-Effekt: Ein Aspekt erscheint an einem Menschen hervorstechend und überschattet alles andere. Z. B. ist Herr Schulz Leistungssportler und wird daher als generell engagiert empfunden (was aber eventuell gar nicht ist).

- Stereotype: Generalisierungen über eine Gruppe von Personen, denen dieselben Eigenschaften zugeschrieben werden, z. B. „Brillenträger sind schlau". „Buschige Augenbrauen deuten auf niedrige Intelligenz".

Attributionsfehler

Lag es an den äußeren Umständen? Oder war es einfach mal wieder typisch? Wenn wir ein bestimmtes Verhalten erklären wollen, stellt sich generell die Frage, ob es überhaupt der Person zuzurechnen ist oder nicht doch der Situation.

Beispiel

 Kollege Schulz, den Sie für wenig intelligent halten, hat dennoch die Ausbildereignungsprüfung bestanden. Kann es da nicht sein, dass die Prüfung schlicht zu einfach war? Wäre das näm-

> lich der Fall gewesen, könnte man dem Kollegen Schulz das gute Ergebnis nicht positiv zurechnen.

Ausgehend von dieser Frage lassen sich unterscheiden:

- Interne Attribution: Das Verhalten wird dem Menschen selbst zugerechnet. In unserem Beispiel: Kollege Schulz ist schlauer als gedacht.

- Externe Attribution: Die äußeren Umstände gelten als verantwortlich für das Verhalten. In unserem Beispiel: Die Prüfung war nicht anspruchsvoll.

Im alltäglichen Miteinander gibt es typische Attributionsfehler, die geschulte und ungeschulte Beobachter begehen.

- Erklärung von eigenen Erfolgen und Misserfolgen: Ein bekanntes Phänomen ist, dass Misserfolge auf die Umstände geschoben, Erfolge dagegen in der Regel der eigenen Person zugeschrieben werden.

- Der sogenannte fundamentale Attributionsfehler: Wer andere beurteilt, neigt häufig dazu, bei Misserfolgen die Person zu stark zu gewichten – das oben beschriebene Phänomen kehrt sich um. Der Andere ist also erst einmal unfähig, wenn er etwas nicht kann, erst dann wird über die Situation nachgedacht. In Wirklichkeit könnte aber auch die Situation verantwortlich sein und jeder andere wäre auch gescheitert.

- Psychologische Nähe: Empfindet man jemanden als ähnlich zu sich selbst, erklärt man sein Verhalten dagegen gern mit den Umständen bzw. neigt generell dazu, das Verhalten entschuldigend zu interpretieren.

So trainieren Sie Ihre Wahrnehmungs- und Beurteilungsfähigkeit

Die soeben beschriebenen Mechanismen können im ungünstigen Fall dazu führen, dass Sie Menschen aufgrund bestimmter Charakteristika vorverurteilen oder dass Sie sie verzerrt wahrnehmen und Ihre gesamte Beurteilung auf Hypothesen stützen. Menschenkenntnis entwickelt man nicht von heute auf morgen. Sie fordert vielmehr eine ganz bewusste Auseinandersetzung mit dem Thema, auch damit Sie nicht Opfer solcher psychologischer Fallstricke werden. Was können Sie tun?

Versuchen Sie negative, erste Eindrücke zu widerlegen

Eine Strategie gegen Vorurteile und Verzerrungen ist, ganz bewusst nach Fakten zu suchen, die Ihre Vorstellungen von einer Person widerlegen. Wer z. B. schnell den Eindruck gewonnen hat, dass ein Kollege wenig durchsetzungsfähig sei – etwa weil er ein zunächst zurückhaltendes Auftreten gezeigt hat oder einige linkische Bemerkungen fallen ließ –, sollte versuchen, diesen Eindruck systematisch zu hinterfragen. Das Ziel ist, diese frühzeitige Wahrnehmung zu widerlegen. Ein solches Vorgehen ist vor allem dann sinnvoll, wenn der negative Eindruck sehr früh entstanden ist.

> Gute Menschenkenntnis kann niemals bedeuten, anderen blitzschnell hinter die Stirn zu blicken. Das gelingt auch professionellen Diagnostikern nicht. Ganz im Gegenteil: Je professioneller eine Person z. B. im Bereich der Berufseignungsdiagnostik tätig ist, desto skeptischer ist sie in der Regel gegenüber eigenen Aussagen.

Leitfaden fürs Training der Menschenkenntnis

1 Eignen Sie sich Konzepte an (z. B. Persönlichkeitsmodelle, S. 10), um Ihre Beobachtungen einzuordnen.

2 Schärfen Sie Ihre Wahrnehmung und lernen Sie, objektiv und genau zu beobachten.

3 Machen Sie sich Ihre eigenen Erklärungsmuster bewusst (Attributionsfehler, erster Eindruck).

4 Prüfen Sie sich selbst auf die Tendenz zu Wahrnehmungsfehlern.

5 Im professionellen Kontext, z. B. als Führungskraft oder Personaler, sollten Sie professionelle Methoden anwenden (Interviewbögen, Motivationsskalen usw.).

Die Gruppe: Arbeiten im Team

Teamarbeit erfordert andere Kompetenzen als die Arbeit in streng hierarchischen Strukturen. Man muss mit unterschiedlichen Charakteren umgehen, Meinungen prallen aufeinander, häufig entsteht Gruppendruck, z. B. in einem Meeting.

Gruppendynamik

Wer von Gruppendynamik spricht, meint die typischen Prozesse wie Gruppendruck und Meinungsbildung in Gruppen. Wenn Sie jemals das Gefühl hatten, Ihre Meinung ändern zu wollen oder zu müssen, weil die anderen Anwesenden, z. B. in einer Teamsitzung, eine andere Meinung vertraten als Sie, dann haben Sie Gruppendruck erlebt.

Der Majoritätseffekt

Der Psychologe Solomon Asch unternahm dazu schon zur Mitte des letzten Jahrhunderts ein anschauliches Experiment mit einer Gruppe. Den Teilnehmern wurde eine Standardlinie gezeigt und drei weitere Linien. Sie sollten angeben, welche dieser drei weiteren Linien gleich lang war wie die Standardlinie. Eine einfache Aufgabe, denn die drei Linien waren hinreichend unterschiedlich lang. Die Teilnehmer mussten ihre Einschätzungen öffentlich und der Reihe nach abgeben.

Das Besondere an dem Versuchsaufbau war, dass es jeweils nur eine echte Testperson gab, die immer an vorletzter Position in der Sitzreihe saß. Alle anderen waren vom Versuchsleiter instruiert worden, natürlich ohne das Wissen der Testperson, konsequent eine falsche Linie als gleich lang mit der Standardlinie zu nennen. Bis die wirkliche Testperson an der Reihe war, hörte sie also von allen Personen vor ihr eine offensichtlich falsche Schätzung. Das Resultat: Eine hohe Anzahl von Testpersonen nannte im Verlauf des Tests ebenfalls die falschen Linien. Dieser Effekt nennt sich Majoritätseffekt.

Nach dem Versuch zeigte sich, dass die Testpersonen sehr wohl erkannt hatten, dass sie die falschen Linien nannten, taten dies also nicht aus Überzeugung und waren nicht etwa einer tatsächlichen Wahrnehmungsverzerrung unterlegen. Nur hatte der Gruppendruck dazu geführt, dass sie nach außen von ihrer Meinung abgewichen waren. Obwohl das Experiment aus dem Gebiet der Wahrnehmung stammt, kann es auf andere Bereiche übertragen werden. Denn das Prinzip, unter Gruppendruck nachzugeben und gleichzeitig die ursprüngliche Ansicht beizubehalten, ist ein verallgemeinerbar. Führungskräfte laufen Gefahr, solche Effekte im Team zu übersehen und nicht zu erkennen, dass kein wirkliches Commitment (s. S. 71) zu der getroffenen Entscheidung herrscht – obwohl in einem Meeting alle nicken.

Der Minoritätseffekt

Interessant ist auch der gegenteilige Effekt, wenn es einer einzelnen Person gelingt, die Meinung einer Gruppe zu ändern. Der Psychologe Serge Moscovici hat zu diesem Phänomen, dem sogenannten Minoritätseinfluss, ein Experiment gemacht. Hier war nur eine einzelne Person instruiert, alle anderen waren echte Testpersonen. Die visuellen Stimuli, die die Teilnehmer bewerten sollten, waren keine Linien, sondern farbige Dias, die alle leuchtend blau waren und nur in der Intensität variierten, nicht in der Farbe. Die Aufgabe der Teilnehmer war es, laut die Farbe des jeweiligen Dias zu nennen. Die instruierte Testperson saß z. B. an Position fünf der Reihe und bezeichnete die grünen Dias konsequent als blau. Das Resultat war, dass die Nennungen von „grün" bei den tatsächlichen Testpersonen signifikant anstiegen, obwohl „blau" ganz eindeutig richtig war.

Dieser Effekt der Beeinflussung der Mehrheit durch eine Minderheit verschwand, sobald ihr etwas anhaftete, das der Mehrheit einen Grund gab, skeptisch zu werden, z. B. wenn die konsequent „grün" sagende Person dicke Brillengläser trug oder sich atypisch verhielt. Der Effekt wurde auch dann schwächer, wenn die Minderheit nicht konsequent bei „grün" blieb, sondern ab und zu mit „blau" antwortete. Nur eine konsequente, durch keinerlei Merkmale sich selbst disqualifizierende Minderheit entfaltet den Minoritätseinfluss.

Der wesentliche Unterschied zu dem oben geschilderten Majoritätseinfluss liegt darin, dass hier eine tatsächliche Überzeugung vorliegt. Im Gegensatz zum erzwungenen Ja-Sagen unter Druck, stimmt hier nur derjenige zu, der sich auch wirklich von den Ideen der Minderheit beeinflussen und überzeugen lässt. Aus diesem Grunde ist der Effekt des Minoritätseinflusses in Gruppen auch von ganz anderer Tiefe als der des Majoritätseinflusses.

Gruppendenken

Entscheidungsprozesse in Gruppen verlaufen oft eigenartig. Mal herrscht das Gefühl vor, es gehe nicht voran. Dann wieder arbeiten Gruppen in einem hervorragenden Klima, die Mitglieder unterstützen sich, sind produktiv, stacheln sich gegenseitig in positiver Weise an. Und manchmal tendieren Gruppen dazu, völlig über das Ziel hinauszuschießen – so, als sei ihnen im Verlauf des Arbeitsprozesses der Verstand abhandengekommen. Im Nachhinein fragen sich alle Beteiligten, wie das eigentlich passieren konnte. Auch aus der Politik sind solche spektakulären Effekte bekannt.

Beispiel

 US-Präsident John F. Kennedy wollte im Jahr 1961 Kuba von den Kommunisten befreien. Der Präsident und eine kleine Gruppe von Beratern beschlossen, eine Handvoll Exilkubaner mit Waffen auszurüsten und ihnen die Landung an der kubanischen Küste zu ermöglichen, in der sogenannten Schweinebucht. Die Exilkubaner sollten dann das Regime in kurzer Zeit stürzen. Wie angesichts der Sachlage zu erwarten, wurde die Operation zu einer Katastrophe. Die Invasoren waren nach kurzer Zeit tot oder gefangen. Zu keiner Zeit hatte eine Chance bestanden, dass eine solche Aktion zum Erfolg führen könnte.

Die krasse Fehleinschätzung der Lage durch Kennedy und seine Berater wurde im Nachhinein auf ein Phänomen zurückgeführt, das sich Gruppendenken nennt. Sofern Gruppen unter hohem Druck Entscheidungen fällen müssen und sich gleichzeitig von alternativen Informationsquellen abschotten, besteht die Gefahr, dass auch grobe Fehleinschätzungen nicht als solche erkannt werden. Dann entsteht in der Gruppe ein Klima, das Kritik und rationales Denken unterbindet.

Wie sich ein Team formt

Schon bei der Bildung von Gruppen laufen ganz spezifische Mechanismen ab. B. W. Tuckmann (1965) teilte den Teambildungsprozess in vier Phasen ein:

Vier Phasen der Teambildung

1 **Forming:** Das Team formt sich. Die Mitglieder treffen erstmals zusammen, sind neugierig und vorsichtig zugleich. Sie beschnuppern einander, tasten sich zur eigenen Rolle vor und versuchen zu ermitteln, was die Rollen der anderen werden könnten.

2 **Storming:** In dieser Organisationsphase einigen sich die Teammitglieder auf Vorgehensweisen und Spielregeln. Aufgaben werden verteilt und Schnittstellen definiert. Die Stormingphase ist kritisch. Hier können

möglicherweise Interessenkonflikte zwischen Team-
mitgliedern auftreten, es kann zum „Sturm" kommen
– daher der Name. Frustration entsteht.

3 **Norming:** Sobald die Einsicht herrscht, dass es so
wie in der Stormingphase nicht weitergehen kann,
beginnt die Suche nach konstruktiven Lösungswegen.
Dazu gehören die sozialen Umgangsformen, Ansprüche aneinander, Spielregeln sowie der Umgang mit
Konflikten ebenso wie die Arbeitsmethodik und Ko-
ordination.

4 **Performing:** Jetzt hat das Team den Zustand der
Reife erreicht. Es dreht sich weniger um sich selbst
und kann sich auf die gemeinsame Arbeit konzentrieren. Das Wir-Gefühl erreicht ein neues Niveau und
die Mitarbeiter freuen sich, aktive Teile des Teams zu
sein. Es existiert ein starkes Vertrauen der Teammitglieder in sich selbst und in das Team.

Im Kleinen laufen diese Phasen immer dann ab, wenn unterschiedliche Menschen aufeinandertreffen und miteinander
arbeiten. Natürlich ist der Ablauf idealtypisch dargestellt.
Eine wichtige Rolle in derartigen Prozessen spielt immer der
Teamleiter oder die Führungskraft, sofern es sich nicht um
ein sich selbst organisierendes Team handelt.

Der Teamleiter

Die Teammitglieder sind mitunter sehr unterschiedlich und
verfügen über eigene Stärken und Schwächen. Gute Teamlei-

ter berücksichtigen diese Unterschiede und nutzen sie zum Vorteil der Gruppe.

> Der Erfolg eines Teams hängt im Höchstmaß von der Person des Teamleiters ab. Er / sie hat die Aufgabe, das Team zusammenzusetzen und zu entwickeln, Ziele zu definieren, deren Erreichung zu kontrollieren und Entscheidungen zu fällen.

Andererseits werden vom Leader weichere Faktoren gefordert: Er soll für das Klima verantwortlich sein, den individuellen Interessen der Einzelnen gerecht werden und Kompromissfähigkeit zeigen. In Anlehnung an Hersey und Blanchard lassen sich vier Typen des Teamleiters unterscheiden. Als Beurteilungsdimensionen verwenden wir an dieser Stelle die Personen- und die Sachorientierung (siehe S. 9).

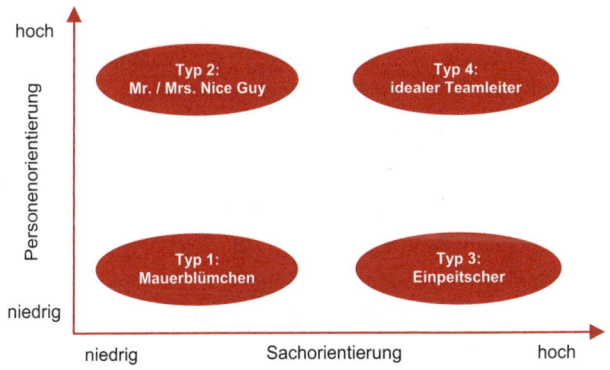

Die vier Typen des Teamleiters

Typ 1: Mauerblümchen

„Ich fände es toll, wenn wir ein gemeinsames Ziel hätten." Personen- und Sachorientierung sind niedrig ausgeprägt. Hinsichtlich der Mitarbeiter und der Teamziele besteht keine Aktivität.

Typ 2: Mr. / Mrs. Nice Guy

„Lasst uns zunächst einmal bei einem Tee drüber reden." Sehr hohe Personenorientierung bei gleichzeitig schwacher Sachorientierung, d. h. hohe Empfindsamkeit und großes Einfühlungsvermögen. Mögliche Folgen: Nachlässigkeit gegenüber den Teamzielen sowie mangelnde Konsequenz.

Typ 3: Einpeitscher

„Bei mir zählt nur eins: ein Top-Ergebnis!" Hohe Ziel- bei geringer Personenorientierung. Mit wenig Einfühlungsvermögen stoßen solche Teamleiter häufig die Teammitglieder vor den Kop, gehen allerdings sehr zielorientiert vor.

Typ 4: idealer Teamleiter

„Top-Ergebnisse erzielen nur zufriedene und motivierte Mitarbeiter." Zielorientierung und persönliche Bedürfnisse werden gleichermaßen berücksichtigt. Die Teammitglieder fühlen sich wohl, weil sie erfolgreich sind, und sie sind erfolgreich, weil sie zufrieden sind. Durch eine ausgewogene Teamzusammensetzung und einen qualifizierten Teamleiter können sich Synergiepotenziale entfalten.

Typologien im Team

Erfolgreiche Teams sind meist komplementär zusammengesetzt, d. h. die Unterschiedlichkeit der Mitglieder bedingt den Erfolg: Individuelle Stärken ergänzen sich, Schwächen werden ausgeglichen. Häufig bilden sich Typologien heraus. Bisweilen bieten Teams förmlich Lücken, die es von einem neuen Mitglied auszufüllen gilt. In Anlehnung an die Typologien im Kapitel „Ich" (s. S. 10) lassen sich die folgenden Kategorisierungen finden:

- Der Treiber: Er gilt als flexibel und innovativ. Routine ist ihm zuwider. Proaktiv engagiert er sich für seine Ziele und achtet darauf, dass eigene Interessen nicht zu kurz kommen. Dabei kann er auch andere verletzen.

- Der Analytiker: Er zeichnet sich durch Genauigkeit aus, ein hoher Qualitätsgrad ist ihm wichtig. Sich ins Detail vertiefend, geht er den Dingen auf den Grund. Wenn er es übertreibt, verliert er den Blick fürs Ganze.

- Der Ausdrucksvolle: Er hält das Team bei Laune, begeistert sich schnell für Neues und animiert andere zum Mitmachen. Routinearbeiten liegen ihm nicht. Er mag es, wenn sich Spaß und Arbeit verbinden lassen; er übersieht dabei gerne finanzielle Begrenzungen.

- Der Zuverlässige: Er unterstützt das Team, ohne unbequeme Fragen zu stellen. Hoch motiviert löst er vorgegebene Aufgaben. Er lebt für und mit dem Team. Wichtig ist ihm ein harmonischer Umgang mit anderen, ohne sich in den Vordergrund zu spielen.

Übung

 Beschreiben Sie die Typologien in ihrem Arbeitsteam. Was ist der Chef für ein Typ? Wie geht er / sie mit den unterschiedlichen Typen innerhalb des Teams um? Welche der genannten Typen gibt es in Ihrem Team? Sie werden sehen, dass Ihnen eine solche Zuordnung hilft, denn jetzt begreifen Sie manche Verhaltensweisen besser und können damit umgehen.

Auf einen Blick: Ich und die anderen

- Soft Skills bezeichnen die Fähigkeiten, sich sozial kompetent zu verhalten. Dazu gehören Durchsetzungs- und Konfliktfähigkeit, Einfühlungsvermögen, Überzeugungskraft, Veränderungsbereitschaft und viele mehr. Sie können Ihre Soft Skills gezielt trainieren und verbessern.

- Seien Sie kritisch Ihrem ersten Eindruck gegenüber. In beruflichen Zusammenhängen sollten Sie sich an professionelle Methoden halten, etwa Persönlichkeitsmodelle.

- Unsere Wahrnehmung anderer Menschen wird von psychischen Mechanismen gelenkt, die zu schweren Einschätzungsfehlern führen können. Wenn Sie diese Mechanismen kennen, können Sie Ihre Urteile daraufhin abklopfen und gegebenenfalls korrigieren.

- Teamarbeit unterliegt einer Gruppendynamik. Entscheidungsprozesse können davon stark von Majoritäts- oder Minoriätseffekten beeinflusst werden.

Führen und geführt werden

Eine gelungene Führungsbeziehung ist das A und O für Zufriedenheit im Job. Wenn Mitarbeiter und Führungskräfte auf die Bedürfnisse und Rollen des anderen Rücksicht nehmen, können sie gemeinsam für ihre Ziele arbeiten. Darauf und auf einigen Faktoren mehr, basiert auch ein geglückter Motivationsprozess. Doch was tun, wenn das Führungsverhältnis gestört ist?

In diesem Kapitel lesen Sie,

- was die Führungsbeziehung aus psychologischer Sicht auszeichnet und wie die Rollen im Führungsverhältnis verteilt sind (ab S. 66),
- wie Motivation entsteht und was Führungskräfte und Mitarbeiter dafür tun können (ab S. 70),
- wie Störungen in der Führungsbeziehung entstehen und wie man sie behebt (ab S. 77).

Hierarchien und Rollen

In den meisten Unternehmen gibt es mehr als nur einen Chef oder eine Chefin für sonst ausschließlich gleichrangige Mitarbeiter. Spätestens wenn zehn oder mehr Personen in einem Unternehmen arbeiten, werden die ersten Hierarchien eingezogen. Der wesentliche Vorteil hierarchischer Organisationen ist nämlich ihre Effektivität. Das heißt, dass Entscheidungen schnell gefällt werden oder Konflikte rasch bereinigt werden können. Eine Gruppe, die sich vollkommen allein überlassen ist, verhält sich meist ineffektiv.

Beispiel

 Diese Erfahrung mussten auch viele innovative Start-up-Unternehmen machen, die lange glaubten (auch noch bei 50 Mitarbeitern), man könne auch ohne Hierarchien effektiv arbeiten. Sie verloren über kurz oder lang den Überblick und versanken im Chaos.

Im Beruf spielen wir eine Rolle

Die hierarchische Beziehung im Job ist freiwilliger Natur. Die Führungskraft ist nicht in dieses Amt geboren, und der Mitarbeiter ist nicht zu seinem Dasein verdammt. Beide spielen im Grunde eine Rolle. Das Wort „Rolle" ist ursprünglich aus dem Lateinischen abgeleitet und bedeutet „Maske" – ein Begriff aus der Welt des Theaters, als die Schauspieler Masken trugen, um ihre Rollen zu verkörpern. Diese konnten sie ablegen und mit anderen vertauschen, je nachdem, was das Schauspiel vorsah.

> Der Begriff „soziale Rolle" umfasst alle Erwartungen an das Verhalten eines Menschen, der eine bestimmte Position innehat. Eine Rolle betrifft also nicht den Menschen in seiner Gesamtheit, sondern lediglich als Inhaber einer bestimmten Position.

Doch worin unterscheiden sich die Rollen von Führungskräften und Mitarbeitern?

Die Rolle „Führungskraft"

In der Führung liegt nichts Hintergründiges oder gar Geheimnisvolles. Die Rolle der Führungskraft zu übernehmen, bedeutet Folgendes zu tun:

- Mitarbeiter zu motivieren (Motivation),
- Aufgaben richtig zu delegieren (Delegation),
- Mitarbeiter zu steuern, z. B. über Ziele (Steuerung),
- Mitarbeiter zu entwickeln (Personalentwicklung).

Sicherlich fallen Ihnen noch andere Aspekte ein, die Führungskräfte tun oder lassen sollten, z. B. Konflikte schlichten, Informationen weitergeben, Sitzungen leiten. Im Kern sind es aber die oben genannten vier Aufgaben, welche die Rolle einer Führungskraft von der eines Mitarbeiters unterscheiden.

Die Rolle „Mitarbeiter"

Zur Rolle des Mitarbeiters gehört es, sich aus freien Stücken und zunächst vorurteilsfrei den Gegebenheiten des Geführtwerdens zu stellen, d. h. der Führungskraft die Chance zu geben zu motivieren, zu delegieren und zu steuern. Das ist sozusagen die professionelle Rolle, die Mitarbeiter in der Führungsbeziehung einnehmen.

Rollendilemma der Führungskraft

Für Führungskräfte ist die Rollenfindung sehr viel schwieriger als für Mitarbeiter. Denn neben die Fachaufgaben, die auch Mitarbeiter zu erfüllen haben, treten die Führungsaufgaben. Eine Führungskraft soll einerseits verständnisvoll sein und Zeit für ihre Mitarbeiter haben, zugleich ehrgeizige Ziele erreichen und schnell auf sich verändernde Marktsituationen reagieren. Sie soll als Coach ihrer Mitarbeiter auftreten, sie aber auch kontrollieren und für optimale Resultate sorgen. Ihr Handeln soll berechenbar sein und mittels reibungsloser Abläufe Sicherheit vermitteln. Werte wie Vertrauen, Fairness, Respekt und Ehrlichkeit stehen den Forderungen nach Profitabilität, Umsatz oder Kostenreduzierung gegenüber.

Eine Führungskraft kann nicht gleichzeitig allen Erwartungen hundertprozentig gerecht werden – sie lebt damit in einem ständigen nicht lösbaren Dilemma.

Die Bedeutung der Führungsbeziehung

Umfragen zufolge ist die Beziehung zur Führungskraft einer der am häufigsten genannten Wechselgründe bei Arbeitnehmern. Das liegt daran, dass es letztlich die Führungskräfte sind, die darüber entscheiden, welche Rahmenbedingungen im Job herrschen. Sie geben Lob, Wertschätzung und sie sind diejenigen, die interessante Aufgaben überhaupt zugänglich machen.

> Nur in einer gelungenen Beziehung zwischen Chef und Mitarbeiter ist es möglich, motiviert zu arbeiten. Motiviertes Arbeiten im Job ist aber ein wesentlicher Faktor des persönlichen Wohlbefindens.

Menschen, die über eine lange Zeit hinweg jegliche Lust auf den Job verloren haben, zeichnen sich durch folgende Elemente aus:

Überblick: Kennzeichen von Demotivation

- Die Betroffenen zeigen wenig oder keine Begeisterung für die Aufgabenstellung.

- Sie zeigen kein Engagement mehr, das eigene Leistungsniveau kontinuierlich zu verbessern bzw. die Karriere voranzutreiben.

- Sie resignieren schnell bei schwierigen Aufgaben und Widerständen und sind bei hohem Arbeitsanfall rasch überfordert.

- Sie zeigen wenig Flexibilität, wenn es um Veränderungen jeglicher Art geht.

- Sie weisen eine höhere Krankheits- bzw. Abwesenheitsquote auf.

Bisweilen spricht man auch von innerer Kündigung. Gemäß einer Studie des Gallup-Instituts, die regelmäßig in ausgesuchten Firmen Deutschlands durchgeführt wird, ist ein erheblicher Teil der Mitarbeiter nicht mehr wirklich engagiert, sogar ein Großteil aktiv unengagiert. Verantwortlich für diese

Situation sind natürlich auch die Führungsbeziehung und das Motivationsverhalten der Führungskräfte.

Motiviert arbeiten

Mitarbeiter wie Führungskräfte fragen sich bisweilen, wie Motivation im Job funktioniert. Ist jemand motiviert und bringt gute Leistungen, ist dies die Folge von verschiedenen Aspekten. Die reine Persönlichkeit oder die Motive / Motivatoren, wie wir sie im Kapitel „Ich" beschrieben haben, reichen dazu in der Regel nicht aus. Motivation lässt sich eben nicht einfach durch eine Bonuszahlung oder eine interessante Aufgabenstellung erzeugen. Es gehört mehr dazu. Ein pragmatisches Modell spricht von drei aufeinander aufbauenden Elementen:

- der innere Antrieb eines Menschen,
- die Fähigkeit, die Aufgaben zu erledigen, und
- das Umfeld.

Diese Elemente werden auch schlicht „Wollen, Können und Dürfen" genannt. Da diese Elemente zusammenhängen, ist Motivation ein Prozess, der in verschiedene Schritte unterteilt werden kann.

Motivationsschritt 1: Der innere Antrieb (Wollen)

Gerade bei jungen Mitarbeitern ist der innere Antrieb noch besonders stark. Obwohl das Engagement, also die Eigenmotivation ein sehr wichtiger Faktor ist, muss eine Führungskraft jedoch das Wollen kanalisieren, d. h. auf den Job, auf die Tätigkeit ausrichten.

Beispiel

 Eine junge Mitarbeiterin fängt nach der Ausbildung bei ihrer Traumfirma an. In den ersten Tagen und Wochen wird sie es kaum erwarten können, sich in die Arbeit zu stürzen. Aber auch wenn sie sich noch so engagiert und optimistisch an die Arbeit macht, kann eine schlechte Führungskraft dazu beitragen, dass sie schon nach kurzer Zeit die Lust verliert. Stellen Sie sich nur vor, man würde ihr in dieser Anfangsphase nur sinnlose, unzusammenhängende Aufgaben geben, sie würde nie Feedback zu ihrer Leistung bekommen, sie würde nicht wertschätzend behandelt usw. Dann würde es sicher nicht lange dauern und die Lust auf die Arbeit wäre ihr vergangen.

Lassen Sie uns im Folgenden einmal die typischen Elemente des Wollens betrachten.

Commitment schaffen

Zunächst müssen Sie als Mitarbeiter das sogenannte Commitment entwickeln. Frei übersetzt auch „Verbundenheit". Stellen Sie sich dazu vor, Sie würden sich Ihrer Führungskraft derart verbunden fühlen, dass Sie sogar mit ihr in ein anderes Unternehmen wechseln, wenn dies situativ möglich wäre. Welche Elemente beinhaltet dieses Commitment?

- Wertschätzung: Sie müssen sich zuallererst akzeptiert und wertgeschätzt fühlen. Damit ist keine Kuschelkultur oder Wohlfühlatmosphäre gemeint. Aber wenn Sie z. B. zu Hause Ihrem Partner von Ihrer Führungskraft berichten, sollten Sie sagen können: Ich fühle mich als Mensch und in meiner Persönlichkeit akzeptiert. Dieses Element ist grundlegend und tröstet sogar über so manchen Fehler der Führungskraft hinweg.

- Ziele: Zudem müssen die Zielvorstellungen übereinstimmen. Vertritt die Führungskraft völlig andere Ziele oder divergente Auffassungen, die Sie nicht teilen können, wird ebenfalls kein vollständiges Commitment zustande kommen. Ist aber beides gegeben, entsteht eine Bindung an die Führungskraft und damit auch an das Unternehmen. Sie werden das Gefühl haben, dass das grundlegende Verhältnis stimmt. Eine gute Basis – freilich ist damit noch lange nicht alles getan.

Motivatoren und Hygienefaktoren

Versetzen wir uns noch einmal in die Lage der jungen Mitarbeiterin. Was wird diese nun wirklich motivieren? Die schön ausgestattete Cafeteria, womöglich das Diensthandy, das sie auch privat nutzen darf? Sicherlich auch, aber nicht dauerhaft. Wirklich motivierend sind andere Dinge. Führen wir uns noch einmal das Zwei-Faktoren-Modell nach Herzberg vor Augen (siehe S. 18). Es geht davon aus, dass es motivierende Faktoren und Hygienefaktoren gibt. Letzteres sind etwa Bonuszahlungen, Dienstwagen, Diensthandy zur privaten Nutzung, ein schönes Bürogebäude usw. Als Motivatoren dagegen empfinden wir Lob, Wertschätzung, Verantwortung, interessante Aufgabenstellungen, Entwicklung, Einfluss usw. Also Dinge, die häufig in der Gestaltungsmacht der jeweiligen Führungskraft liegen.

Motive

Im Kapitel „Ich" haben wir eine ganze Reihe von Motiven kennengelernt, die uns im Berufskontext auszeichnen können (siehe S. 19). Nicht alles davon ist hier wichtig, weil im Job natürlich nicht alles realisierbar ist. Die Forschung hat sich in den letzten Jahren auf folgende Aspekte konzentriert:

- Anschluss: Dies bedeutet, dass Sie Kontakt zu anderen haben möchten, dass Sie im Team arbeiten und mit Menschen umgehen möchten.

- Leistung: Für Sie stehen die hohen Standards, die zu überwindenden Hindernisse, die Konkurrenz zu anderen im Vordergrund.

- Macht: Sie suchen Einfluss und Gestaltungsmöglichkeiten. Macht haben heißt, Kontrolle ausüben zu können (was nicht in jedem Fall ein schlechtes Motiv sein muss).

Beispiele

 Sofern Sie ein anschlussmotivierter Mensch sind und Ihre Führungskraft Sie in ein dunkles Kämmerlein setzt, wird Sie das kaum motivieren. Einen sehr leistungsorientierten Menschen mit Routineaufgaben zu überschütten, wird keine Begeisterung wecken und einem machtorientierten Menschen ein Umfeld zu bieten, in dem es keinerlei Gestaltungsmöglichkeiten und keinerlei Aufstiegschancen gibt, führt auch zu Demotivation.

Natürlich: Die Berufswelt ist kein Wunschkonzert. Dennoch ist es die Aufgabe einer Führungskraft, das Mögliche an Motivation zu erzielen, was die Situation hergibt. Und Ihre Aufgabe als Mitarbeiter ist es, Ihre eigene Motivlage realistisch einzuschätzen. Wenn Sie und Ihr Vorgesetzter wissen, welcher der genannten Aspekte wichtig ist, können auch die Weichen richtig gestellt werden.

Motivationsschritt 2: Die Fähigkeit (Können)

Sofern das Wollen erfolgreich auf den Job und das Unternehmen ausgerichtet wurde, müssen Sie als Mitarbeiter zu einer entsprechenden Leistung befähigt sein. Sonst wird das Wollen sehr schnell in Demotivation umschlagen.

Lernen durch Herausforderung

Das Prinzip des Lernens im Job ist das Lernen durch Herausforderung. Die oben genannte junge Mitarbeiterin wird an ihren Aufgaben wachsen. Neben fachlichen Fortbildungen und Training on the Job sind es genau diese Herausforderungen, die zu Weiterentwicklung führen. Stellen Sie sich vor, die junge Mitarbeiterin bekommt eine Aufgabe, die eigentlich noch etwas zu groß für sie ist. Auch wenn die Führungskraft an der einen oder anderen Stelle noch unterstützend eingreift, wird die Mitarbeiterin nach erfolgreicher Bewältigung ein ganzes Stück gewachsen sein. Und dieses Prinzip kann noch bis ins hohe Berufsalter gelten, etwa wenn ein schon erfahrener Mitarbeiter auf einmal einen großen, internationalen Kunden allein betreuen darf.

> Es soll nicht verschwiegen werden, dass es Berufe gibt, in denen nach einer gewissen Anzahl an Jahren kein substanzieller Lernzuwachs mehr zu erzielen ist. Dann treten jedoch andere Aspekte in den Vordergrund.

Motivationsschritt 3: Das Umfeld (Dürfen)

Wenn Sie als Mitarbeiter oder Mitarbeiterin wollen und können, dann sollten Sie auch dürfen. D. h. es muss Ihnen Handlungsspielraum eingeräumt werden, die Leistung zu zeigen. Was trivial klingt, ist in vielen Unternehmen ein reales Problem.

Echte Verantwortung

Echte Verantwortung zu haben bedeutet für einen Mitarbeiter, im Rahmen der Gegebenheiten für die von ihm veranlassten Handlungen auch geradezustehen. Es muss einen eigenen, selbst verantworteten Handlungsspielraum geben. Fehlt er, wird der Mitarbeiter auch nicht den Eindruck haben, ihm wäre Verantwortung übertragen worden. Das führt in die Haltung „Na und, was habe ich damit zu tun?".

Fehlerkultur

Wenn auf Fehler sofort harte Sanktionen folgen, wird man demotiviert. Denn Fehler passieren. Typisch für eine schlechte Fehlerkultur ist der Satz: „Wer war das?", also die Suche nach dem Schuldigen. Eine konstruktive Fehlerkultur fragt zunächst: „Was können wir tun, um den Fehler zu bereinigen und in Zukunft zu verhindern?" Die junge, aufstrebende Mitarbeiterin, die bei dem ersten Fehler übel kritisiert wird, wird sich spätestens beim zweiten oder dritten Mal ihre Gedanken machen und sich in Zukunft bemühen, in Deckung zu bleiben.

Beispiel

 In einem von uns beratenen Unternehmen war es die Regel, dass der Vorstandsvorsitzende bei Fehlern in bestimmten Bereichen direkt bis zum einfachen Mitarbeiter durchtelefonierte und diesen abkanzelte. Man kann sich vorstellen, dass dieses Verhalten auch zwischen den Abteilungen und Bereichen als Normalität angesehen wurde. Die erste Frage auf Meetings, die zur Bereinigung von Fehlern stattfanden, war immer „Wer war das?" Die Mitarbeiter dieser Firma waren schlecht motiviert, Dienst nach Vorschrift war an der Tagesordnung, die Fehler häuften sich.

Mit Störungen im Führungsverhältnis umgehen

Die Qualität der Führungsbeziehung hat einen großen Anteil daran, ob sich Mitarbeiter und Führungskräfte im Job wohlfühlen. Kommt es zu ernsthaften Störungen im Miteinander, wirkt sich dies an vielen Stellen im Berufsalltag aus. Die Lust, morgens zur Arbeit zu gehen, schwindet, die Qualität der Arbeit sinkt, die Teamarbeit wird gestört. Dies gilt für Führungskräfte ebenso wie für Mitarbeiter.

Betrachten wir einmal die zwei verschiedenen Perspektiven: typische Abwehrreaktionen von Mitarbeitern (Reaktanz) und mobbendes, schikanöses Verhalten von Führungskräften (Bossing).

Reaktanz

Im Führungsverhältnis kommt es bisweilen zur sogenannten Reaktanz, zu Widerstand, zu abwehrenden Verhaltensweisen der Mitarbeiter, häufig ausgelöst durch Verhaltensweisen der Führungskraft. Zu Reaktanz kann es führen, wenn sich Menschen subjektiv in ihrer Handlungsfreiheit eingeschränkt oder wenn sie sich angegriffen fühlen.

Typisches Reaktanzverhalten

Dieses Phänomen lässt sich besser verstehen, wenn man sich bildlich einen virtuellen Schutzraum um eine Person vorstellt, der durch Handlungen anderer verletzt oder eingedrückt werden kann. Die Reaktanztheorie sagt nun, dass in diesem

Fall das Bedürfnis entsteht, diese Einengung wieder aufzuheben oder wettzumachen. Dieses Verhalten nennt man Reaktanzverhalten. Wird z. B. ein Mitarbeiter vor Kollegen von der Führungskraft herablassend behandelt und empfindet er seinen Schutzraum als verletzt, könnte er, je nachdem welche Persönlichkeit er ist, folgende Reaktanzverhaltensweisen zeigen:

- Er wehrt sich sofort, wird trotzig und greift die Führungskraft an.

- Er ist still, hält den Mund, aber lästert im Nachhinein mit den Kollegen über die Führungskraft und / oder macht die Führungskraft bei anderen schlecht.

- Er zieht sich zurück, kommuniziert mit der Führungskraft nur noch das Nötigste, er macht Dienst nach Vorschrift.

Die Reaktanz fällt umso stärker aus, je größer die Freiheitseinengung oder je stärker der Angriff empfunden wird und je wichtiger die eingeschränkte Sache für den Mitarbeiter ist. Reaktanz entsteht aber auch, wenn jemand in seinen angestammten Rechten verletzt wird. Wenn z. B. eine neue Führungskraft einem altgedienten Mitarbeiter auf einmal Kompetenzen beschneidet.

> Reaktanz entsteht immer dann, wenn ein Mensch das Gefühl hat, etwas Fundamentales, Wichtiges würde geschmälert. Bei Reaktanz versucht ein Mensch, die Einengung abzuwehren, sie sich vom Hals zu halten.

In gestörten Führungsverhältnissen spielt Reaktanz häufig eine Rolle.

Beispiel

 Zwei Abteilungen fusionieren auf Beschluss der Geschäftsführer. Die Entscheidung verkünden diese den Mitarbeitern auf der Weihnachtsfeier – kurz vor dem geselligen Teil – ohne eine weitere Diskussion. Die Folge ist, dass in den nächsten einein- halb Jahren die Leistung innerhalb der fusionierten Abteilung in ungeahnte Tiefen sackt. Die Mitarbeiter schieben Dienst nach Vorschrift, boykottieren Veränderungen, lassen sich krankschrei- ben usw.

Wodurch wird Reaktanzverhalten ausgelöst?

Durch folgende klassische Fehler lösen Führungskräfte bei Mitarbeitern/-innen häufig Reaktanz aus:

- mangelnde Wertschätzung,
- unklare Delegation von Aufgaben mit anschließender Schuldzuweisung beim Mitarbeiter,
- Mitarbeiter werden wie Kleinkinder behandelt, erhalten keinen Freiraum,
- Zusagen werden nicht eingehalten oder im Nachhinein verdreht und anders dargestellt,
- Mitarbeiter werden in hohem Maße kontrolliert, gegän- gelt,
- der Chef oder die Chefin fordert von Mitarbeitern Dinge, die er / sie selbst nicht bereit ist zu leisten.

> Mitarbeiter sollten das Gespräch mit dem Chef oder der Chefin suchen, wenn sie an sich selbst typische Reaktanzverhaltensweisen erkennen. Reaktanz ist verständlich, aber letztlich dysfunktional und störend. Sie behindert das Miteinander, genauso wie die Verhaltensweisen der Führungskraft, welche die Reaktanz erst auslösen.

Bossing

Führungskräfte sind nicht selten hohem Druck ausgesetzt und sie befinden sich in einem ständigen Rollendilemma (siehe S. 69). Menschen, die unter Druck geraten, neigen jedoch dazu, diesen weiterzugeben – vorzugsweise „nach unten". Im schlimmsten Fall beginnt ein Chef oder eine Chefin, jemanden regelrecht zu schikanieren. Dafür gibt es inzwischen sogar einen Begriff: Bossing (in Anlehnung an Mobbing, siehe S. 102).

Was können Sie dagegen tun?

Sie sollten zunächst das Gespräch suchen und hoffen, dass es zu einer Klärung und Besserung führt. In einem solchen Gespräch ist es wichtig, dass der Mitarbeiter

- der Führungskraft all die Verhaltensweisen vor Augen führt, die er als Schikane empfindet,
- unmissverständlich zum Ausdruck bringt, wie es ihm damit geht.

Sehr häufig finden Menschen leider nicht den Mut, klar und unmissverständlich mit ihrem Chef über dessen störende Verhaltensweisen zu sprechen. Aber hat man dann schon ein Gespräch anberaumt und spart aus Angst die tatsächlich störenden Punkte aus, ist das Kind wirklich in den Brunnen gefallen. Dann wird es umso schwerer, den Ball noch einmal aufzunehmen.

In extremen Fällen sollte, sofern vorhanden, der Betriebsrat eingeschaltet werden oder auch der Chef des Chefs. Erfahrungen zeigen, dass Bossing zu schwerwiegenden gesundheitlichen oder psychischen Beeinträchtigungen führen kann.

Blockadehaltung von Mitarbeitern

Führungskräfte sind im Normalfall genauso daran interessiert, von ihren Mitarbeitern geschätzt zu werden und mit diesen gut zusammenzuarbeiten wie umgekehrt. Und obwohl Führungskräfte von der Hierarchie her gesehen in der besseren Position sind, so sind sie letztlich hilflos, wenn Mitarbeiter systematisch blocken. Etwa wenn diese die Führungsrolle sowie die damit verbundenen Aufgaben (z. B. Delegation, Steuerung) nicht akzeptieren oder versuchen, diese zu unterlaufen. Im Berufsalltag gibt es klassische Situationen, die oft zu Blockadehaltungen führen:

- Ein Kollege hatte sich auch auf die Position der Führungskraft beworben, zieht aber den Kürzeren und verbleibt im Team.

- Ein Mitarbeiter steht kurz vor der Frührente und lässt sich von Niemandem mehr etwas sagen.

- Die Mitarbeiter einer Abteilung kannten jahrelang den einen Chef, der jetzt in Rente gegangen ist. Die neue Chefin macht alles anders und wird deshalb kollektiv abgelehnt.

Typische Gegenreaktionen

In solchen Fällen kann es die Führungskraft sehr schwer haben, sich zu behaupten. Und auch bei der Führungskraft kann es dann (umgekehrt) zu Reaktanz kommen. Sie

- übt verstärkt Druck aus, kontrolliert, überwacht,
- beginnt, bestimmte Mitarbeiter bewusst zu bestrafen,
- zieht sich zurück, wird handlungsunfähig.
- Diese Verhaltensweisen sind natürlich auch nicht gewünscht. Deshalb sollte es, bevor es dazu kommt, ein offenes und direktes Gespräch geben. Denn beide Seiten, Mitarbeiter wie Führungskräfte, haben das Recht, ihre Rollen ausüben zu können. Die Mitarbeiter, indem sie als verantwortlich handelnde, qualifizierte und empfindsame Personen behandelt werden, und die Führungskräfte, indem sie als ebenso verantwortlich handelnde und in ihrer Rolle akzeptierte Personen gesehen werden.

Was kann man generell tun?

Ist die Situation ganz verfahren und für die Parteien unlösbar, aber sind die Beteiligten im Grunde guten Willens, kann ein externer Moderator oder Gesprächspartner von Nutzen sein. Dieser kann in kleinen Runden (Dreiergespräche), aber auch mit der ganzen Abteilung die Probleme sammeln, benennen und zu einer Lösung führen.

Beispiel: Moderation

Die Abteilung eines Versicherungsunternehmens hatte um externe Unterstützung gebeten. Die Führungskraft und die Mitarbeiter lagen im Dauerstreit miteinander. Dennoch erklärten sie sich bereit, diese einmal in großer Runde zu besprechen. Zunächst wurden die Klagen der Mitarbeiter in separater Runde gesammelt, dann präsentierte diese der Moderator der Führungskraft.

Im Plenum explodierten die Emotionen, es kam zu einer heftigen Aussprache. Am Ende fingen einige Mitarbeiter und die Führungskraft an zu weinen, um sich dann später sogar weinend zu umarmen. Wieder zur Ruhe gekommen, vereinbarte man für die Zukunft Regeln des Umgangs miteinander.

So emotional wie hier geschildert muss es natürlich nicht immer zugehen. Dennoch zeigt dieses Beispiel besonders deutlich, dass zumeist allen daran gelegen ist, eine Lösung herbeizuführen – den Führungskräften wie den Mitarbeitern.

Auf einen Blick: Führen und geführt werden

- An einem gelingenden Führungsprozess sind Mitarbeiter und Führungskräfte gleichermaßen beteiligt. Beide müssen sich in Ihre Rolle finden und zugleich die Chance bekommen, Ihre Rolle auch auszufüllen.

- Motivation ist ein komplexer Prozess. Viele Faktoren bedingen seinen Erfolg: persönliches Engagement, die Bindung zum Unternehmen oder Vorgesetzten, Möglichkeiten des Lernens, die Fehlerkultur im Betrieb und einiges mehr.

- Werden Mitarbeiter von ihren Vorgesetzten eingeengt, tritt häufig das sogenannte Reaktanzverhalten auf. Solche Abwehrmechanismen werden nicht selten von klassischen Führungsfehlern ausgelöst.

- Mit dem Begriff „Bossing" beschreibt man schwere Angriffe von Vorgesetzten gegenüber einem (oder mehreren) Mitarbeiter(n). In einer solchen Situation muss dringend gehandelt werden.

- Auch Mitarbeiter können Vorgesetzte durch Blockadehaltung in die Ecke drängen. Typische Gegenreaktionen des Chefs wie stärkerer Druck etc. verschärfen die Situation meist. Wenn das offene Gespräch nichts hilft, kann ein Moderator unterstützend eingreifen.

Schwierige Situationen meistern

Im Beruf geraten wir immer wieder in Situationen, die uns emotional stark fordern, belasten oder ängstigen. Oft sind es Konflikte mit Vorgesetzten oder Kollegen oder wir treffen auf Menschen, die sehr manipulativ vorgehen und unsere Energien mit ihren Machtspielchen binden. Im schlimmsten Fall wird man mit dem Thema Mobbing konfrontiert. Ob als Mobbing-Opfer oder als dritter Außenstehender – in beiden Fällen suchen wir dringend nach einer Lösung.

In diesem Kapitel lesen Sie,

- warum Konflikte so hartnäckig sind und welche Techniken Sie anwenden können, um sie zu lösen (ab S. 86),
- wozu manipuliert wird und wie Sie Manipulationen ins Leere laufen lassen können (ab S. 90),
- wie Macht ausgeübt wird und mit welchen Abwehrtechniken Sie sich dem Machtmissbrauch widersetzen können (ab S. 94),
- welche Gründe es für Mobbing gibt und wie Sie dagegen vorgehen können (ab S. 102).

Konflikte lösen

Überall, wo Menschen zusammen sind, gibt es auch Konflikte. Das Berufsleben bildet da gewiss keine Ausnahme, sind hier doch Menschen aufeinander angewiesen, die sich in anderen Kontexten vielleicht lieber aus dem Weg gegangen wären. Auslöser eines Konflikts sind stets zwei gleichzeitig vorliegende Elemente, die gegensätzlich und vor allem unvereinbar sind. Dies können unterschiedliche Meinungen sein, einander zuwiderlaufende Hoffnungen, sich ausschließende Wünsche, unverträgliche Arbeitsabläufe usw.

Beispiele

Herr Schulz möchte im Zimmer rauchen, Frau Schuster hasst aber den Qualm. Abteilung Z versucht, ein neues Ablagesystem zu nutzen. Abteilung X wehrt sich dagegen, dies einzuführen. Frau Schröder delegiert als Führungskraft eine Aufgabe an Herrn Weber. Dieser erkennt aber Frau Schröder als Führungskraft nicht an.

Konflikte sind emotional, gefühlsbeladen. Sie verhindern, dass man sich auf die Arbeit konzentrieren kann, sie machen unruhig, unzufrieden und sie streben danach, gelöst zu werden.

Konfliktlösung – keine leichte Sache

Warum ist es oft so schwer, einen Konflikt zu lösen? Wenn Sie selbst in einen Konflikt verstrickt sind und diesen lösen wollen oder wenn Sie als Moderator oder Außenstehender einen Konflikt schlichten wollen, stehen häufig folgende Aspekte der Konfliktlösung entgegen:

- Die Konfliktparteien zeigen ein ausgeprägtes Schwarz-Weiß-Denken. Die andere Partei ist nur schlecht, kein gutes Haar wird an ihr gelassen.

- Es liegt eine sogenannte Projektion vor, d. h. die eigenen Schwächen und Fehler werden der anderen Seite zugeschrieben ("Herr X macht mir immer nur Vorwürfe! Ich dagegen versuche, konstruktiv zu sein!").

- Sehr oft erfolgt eine Ausweitung des Konfliktes (des Schlachtfeldes). Themen, die ursprünglich mit dem Konflikt nichts zu tun hatten, werden einbezogen. Die Wahrnehmung und Beurteilung des tatsächlichen Sachverhaltes tritt in den Hintergrund. Die Konfliktparteien entdecken noch viele andere Dinge, über die man sich streiten kann. Ein Fass ohne Boden!

Lösen, regeln oder entscheiden?

Konflikte zu lösen heißt, z. B. durch ein klärendes Gespräch oder eine Übereinkunft die ganze Spannung, den ganzen Druck zu lösen. Beide Seiten sind damit zufrieden.

Wird ein Konflikt nur geregelt, heißt das, dass eine zwar akzeptable, aber nicht vollständige Lösung gefunden wird. Beide Seiten sind dann nicht restlos überzeugt, sie beschließen jedoch, mit den Differenzen zu leben.

Ein Konflikt muss entschieden werden, wenn die Spannung des Konfliktes nicht aufzuheben ist. Dann tritt z. B. eine andere Person auf den Plan (der Vorgesetzte) und entscheidet, was nun zu tun ist. Da die Konfliktparteien dadurch die

Verletztheiten und Differenzen nicht klären, also auch nicht verarbeiten, kann ein solcher Konflikt wieder ausbrechen. Und zwar dann, wenn die Autorität, die entschieden hat, verschwindet.

Wenn Sie selbst beteiligt sind

Sofern Sie aus der Rolle eines Beteiligten einen Konflikt lösen oder regeln wollen, müssen sie wohl oder übel ein Gespräch führen. Nutzen Sie die Technik des lösungsorientierten Gespräches. Konfliktlösung heißt nämlich, miteinander zu sprechen.

> Es muss aber gewährleistet sein, dass sie selbst sowie der Konfliktpartner wirklich offen sind für eine Konfliktlösung und diese auch selbst herbeiführen können und wollen. Andernfalls, oder auch im Falle eines Scheiterns, erscheint es sinnvoll, einen Moderator oder eine Moderatorin hinzuzuziehen.

Beachten Sie für diese spezielle Gesprächsform im Vorfeld und während des Gespräches folgende Punkte:

- Emotionen kontrollieren: Aggressionen, Abneigung, auch Angst vor dem Gesprächspartner sollten Sie bewusst kontrollieren. Emotionen kochen manchmal sehr schnell hoch. Im Sinne einer Konfliktlösung ist es sehr wichtig, die Emotionen zu kontrollieren und sich selbst zu zügeln. Eine konstruktive Konfliktlösung ist sonst unmöglich.

- Vertrauen schaffen: Während des Gesprächs sollten Sie zuerst Vertrauen aufbauen. Sprechen Sie möglichst neutral über Ihre Sicht der Dinge. Vermeiden Sie es unbedingt, den anderen sofort anzugreifen. Vertrauen entsteht durch

Selbstoffenbarung und dem Mitteilen eigener Gefühle. Man nennt die entsprechende Kommunikationstechnik Ich-Botschaft („Mich beunruhigt, dass wir gegenüber den Kunden wieder in Verzug sind" statt „Sie haben mal wieder alles verbockt"). Sie signalisieren dadurch Offenheit. Sie zeigen dem anderen, dass Ihnen ernsthaft an einer Lösung gelegen ist. Erfragen Sie dann ebenso neutral die Position Ihres Konfliktpartners.

- Nutzen Sie eine offene, nicht wertende Kommunikation: Sofern Sie sich im Gespräch befinden, sollten Sie immer beschreiben, statt zu bewerten. Und Sie sollten partnerschaftlich und nicht überlegen auftreten. Ein lösungsorientiertes Gespräch ist eben kein konfrontatives Aufeinandertreffen.

- Lösung suchen: Der Sinn eines solchen Gespräches ist die Suche nach einer gemeinsamen Lösung. In ein solches Gespräch gehen Sie also nicht mit dem Ziel, nur die eigene Position durchzusetzen. Versuchen Sie, das Problem mit dem Konfliktpartner gemeinsam zu bestimmen. Sie sollten zu Zugeständnissen ebenso bereit sein wie zu einer kreativen Suche nach einer Lösung. Im Grunde ist ein solches Konfliktgespräch eine Art Verhandlung mit Geben und Nehmen.

Was, wenn dieses Vorgehen nicht funktioniert?

Wenn es doch immer so einfach wäre! Leider zeichnen sich Konflikte dadurch aus, dass sie nicht rational sind, dass sehr viele Emotionen im Spiel sind und gerade aus diesem Grund ein lösungsorientiertes Gespräch nicht funktioniert. In diesem Fall können die Konfliktparteien das Gespräch nicht allein führen und es bedarf der Unterstützung einer dritten, neutralen Person – eines Moderators oder einer Moderatorin.

Manipulationen erkennen und abwehren

Unter Manipulation verstehen wir den Einsatz unfairer bzw. nicht offener Verhaltensweisen zur Erreichung eines bestimmten Ziels. Im Berufskontext soll z. B. ein Kollege dazu gebracht werden, gegen den Chef zu opponieren. Oder eine Kollegin soll unter Druck gesetzt werden, um einen Fehler zu begehen.

Eine Manipulation bewirkt, dass eine andere Person zu einer bestimmten Handlung oder Meinung gewissermaßen gezwungen (z. B. durch Druck, den sie verspürt) oder verleitet wird (z. B. weil sie belogen oder auf eine falsche Fährte geführt wird). Die manipulierte Person ist in aller Regel arg- und wehrlos. Wäre sie sich der Manipulation bewusst, wäre es streng genommen keine Manipulation mehr. Manipulieren wird jemand immer dann, wenn eine offene Taktik nicht zum Ziel führt. Damit ist noch nichts über den Zweck der Manipulation gesagt. Dieser kann durchaus ehrenhaft sein (z. B. einem in die Klemme geratenen Kollegen zu helfen, indem man den Chef belügt). Dennoch bleibt eine Manipulation eine Manipulation.

> Vorsicht: Menschen, die vielen Ängsten ausgesetzt sind, die ein mangelndes Selbstwertgefühl auszeichnet, die stark ausgeprägte Sehnsüchte haben oder die ein übertriebenes Statusmotiv treibt, sind oft besonders gut zu manipulieren. Auch das Wissen bzw. der Grad an Selbstreflexion, den ein Mensch hat, beeinflusst seine Manipulierbarkeit.

Die wichtigsten Arten von Manipulationen

Damit Sie Manipulationen im Job erkennen können, sollten Sie wissen, welche Formen der Manipulation es gibt. Ehrlich gesagt: Es gibt geradezu unendlich viele Möglichkeiten und Gründe, andere zu manipulieren. Wir greifen einige sehr typische heraus.

Sich bei jemandem beliebt machen

Manipulatoren wenden verschiedenste Taktiken an, wenn sie sich bei jemandem beliebt machen möchten, weil diese Person ihnen z. B. Vorteile verschaffen oder auf andere Weise für die berufliche Situation wichtig sein kann.

- Sich einschmeicheln: Gezielt Lob und Bewunderung ausdrücken. Manipulativ wird das Ganze, wenn es gar nicht darum geht, ehrliches Lob auszusprechen. Der Manipulator sagt nur, was der Manipulierte hören will.

- Sich interessant machen: Die Psychologie hat herausgefunden, dass ähnliche Einstellungen, Werte usw. einer anderen Person dazu führen, dass wir diese als attraktiv oder interessant empfinden. Dies kann sich ein Manipulator zunutze machen. Er findet heraus, was den Manipulierten an

Normen, Verhaltensweisen usw. auszeichnet und heuchelt bewusst Ähnlichkeit vor.

Andere Personen zu Handlungen zwingen

Die folgenden Techniken wenden Manipulatoren an, wenn sie erreichen wollen, dass eine andere Person etwas für sie tut.

- Gefallen einfordern: Manipulatoren erweisen, in der Erwartung, diese Schuld irgendwann einmal einlösen zu können, anderen Menschen besondere Gefallen. Sie tun es jedoch nicht aus Hilfsbereitschaft oder Generosität, sondern, weil sie Ähnliches an entsprechender Stelle vom Manipulierten einfordern wollen. Je anrüchiger der Gefallen war, desto besser.

- Abhängigkeit schaffen: Ein cleverer Manipulator macht z. B. bei Kollegen durch das Einbringen eines besonderen Wissens oder Könnens von sich abhängig. Er könnte z. B. immer für einen Kollegen eine bestimmte Aufgabe übernehmen, ohne dass der Chef dies weiß. Damit lässt sich der Kollege zu gegebener Zeit unter Druck setzen.

- Mitleid erzeugen: Menschen, die in einer Notsituation sind, sollte geholfen werden. Manipulatoren schaffen künstlich Notsituationen, um sie dann gezielt einzusetzen. Durch Eingestehen von Fehlern, durch Tränen, durch das Hervorrufen von Emotionalität werden andere Personen in den Modus der Hilfsbereitschaft versetzt, die der Manipulator dann ausnutzt.

Einer anderen Person Schaden zufügen

Geht es darum, eine andere Person zu schädigen, z. B. weil der Manipulator sie als Konkurrent oder Feind ansieht, wird er folgende Techniken einsetzen:

- Gerüchte: Gerüchte sind unbestätigte Informationen, die sich meist in Windeseile verbreiten. Manipulatoren setzen sie ganz gezielt und mit unschuldiger Miene ein: „Ist es wahr, dass …"

- Schuld zuschieben: Sofern möglich, wird der Person, der geschadet werden soll, eine Schuld unterstellt. Der Manipulator wartet einen geeigneten Moment ab, um eine nicht optimal laufende Sache der Person gezielt anzukreiden.

- Intrigen: Eine intrigante Person spannt z. B. einen Dritten – nicht selten einen Vorgesetzten oder Konkurrent des Gegners – als Werkzeug gegen diesen ein. Der Manipulator steht dem Gegner scheinbar nahe und gelangt so an Insiderinformationen. Diese gibt er dann an den Dritten weiter, von dem die eigentliche Arbeit erledigt wird.

Abwehrtechniken

Sich gegen Manipulationen zu wehren, ist meist eine anstrengende Sache. Es ist auch nicht immer möglich, Manipulationen im Vorfeld zu erkennen. Und nicht gegen jede Manipulation gibt es ein Gegenmittel. Die Intrige z. B. hat in der Geschichte der Menschheit schon Kaiser und Könige zu Fall gebracht und womöglich Kriege entschieden. Im Berufskontext gilt ganz allgemein:

- Erkennen Sie die Manipulation: Studieren Sie Ihre Mitmenschen, hinterfragen Sie ihr Verhalten. Und lesen Sie nach, was es sonst noch an Techniken gibt, denn nur durch das Erkennen der Manipulation können Sie dieser entgegenwirken.

- Decken Sie die Technik gegenüber dem Manipulator auf: Häufig nutzt es, auf die Techniken gar nicht einzugehen und / oder diese als klare Manipulationstechnik zu benennen oder zu enttarnen. Dies kann natürlich unangenehm sein und erfordert rhetorisches Geschick. Manchmal nutzt es auch, den Manipulator vor anderen Gruppenmitgliedern bloßzustellen.

Mehr darüber finden Sie im TaschenGuide „Manipulationstechniken erkennen und abwehren".

Machtspiele und andere faire oder unfaire Taktiken

Die meisten Menschen wünschen sich wie auch immer gearteten Erfolg in Ihrem Beruf. Sie sind bereit, sich für diesen Erfolg zu engagieren, sie bemühen sich, den Erwartungen anderer gerecht zu werden. Das geschieht nicht immer mit fairen Mitteln.

Was ist Macht?

Wer von Macht spricht, meint häufig Machtmissbrauch. Manipulationen etwa sind ein solcher Machtmissbrauch. Im Berufsleben spielt Macht zudem eine Rolle, weil hier in der Regel hierarchische Strukturen vorliegen. Macht wird aufgrund von Funktionen im hierarchischen Gefüge verteilt. Doch was ist Macht eigentlich?

> Macht bezeichnet die Fähigkeit, auf andere Menschen oder auch auf Gruppen von Menschen im eigenen Sinne einzuwirken.

Die Sozialpsychologen French und Raven haben schon 1959 auf Basis von Studien verschiedene Kategorien entworfen, nach denen Sie die Grundlagen der Macht kategorisieren:

- Macht durch Belohnung: Jemand verfügt über Dinge, die andere als Belohnung empfinden.
- Macht durch Zwang: Jemand hat die Möglichkeit, andere z. B. durch Gewalt zu zwingen.
- Macht durch Information: Jemand kontrolliert den Zugang zu Information.
- Macht durch Wissen: Zentrales, wichtiges Wissen ist bei einer Person gebündelt.
- Macht durch Identifikation: Jemandem gelingt es, andere Menschen, z. B. durch Charisma, an sich zu binden.
- Macht durch Legitimation: Einer Person oder Organisation wird das Recht zugestanden, Entscheidungen zu treffen. Dies ist im Grunde der klassische Fall in Unternehmen.

Im Berufsalltag lassen sich diese Kategorien sehr schön nachvollziehen. Es gibt Kollegen, die verfügen über die richtigen Informationen (weil sie gut vernetzt sind), oder sie besitzen entscheidendes Wissen (sogenannte Kopfmonopole). Andere sind sehr charismatisch und es gibt deshalb Menschen, die ihnen folgen. Das wahre Machtgefüge in einem Unternehmen, ja sogar in einer Abteilung ist nicht immer an der formalen Struktur abzulesen. Manchmal ist auch die eigentliche Führungskraft eher machtlos.

Machtspiele

Sofern z. B. Informations-, Wissens- oder Belohnungsmacht ausgenutzt werden, um andere Menschen zu Handlungen zu bewegen, die sie eigentlich nicht wollen, spricht man von Machtspiel oder Machtdemonstration. Während Manipulationen zumeist verdeckt und hinterhältig durchgeführt werden, sind unfaire Taktiken zumeist deutlich sichtbar oder zumindest erkennbar. Wenn z. B. ein Kollege, der über ein gewisses Herrschaftswissen verfügt, signalisiert, dieses nur im Austausch mit einer Handlung von Ihnen weiterzugeben, übt der Kollege ganz offen Druck auf Sie aus. Oder ein Kollege oder eine Kollegin geht in einer Sitzung für alle sichtbar Ihnen gegenüber auf Konfrontationskurs oder will Sie in einem bestimmten Vorhaben bewusst blockieren.

Beispiel

 Herr Schaffer ist Unternehmensleiter in einem expandierenden Betrieb. Ein Mitarbeiter, Herr Kramer, soll für ein halbes Jahr ins Ausland gehen, um dort eine Filiale mit aufzubauen. Doch Herr Kramer ist soeben Vater geworden und würde lieber im Stammsitz vor Ort Karriere machen. Herr Schaffer setzt ihn unter Druck: „Nun, Herr Kramer, Ihr Engagement für Ihre Familie in allen Ehren, aber Sie werden verstehen, dass mir Ihr Verhalten zu denken gibt. Für Ihre weitere berufliche Karriere werden Sie von meiner Seite keine Unterstützung erwarten können, wenn Sie hier bleiben. Überlegen Sie sich das gut."

In einem solchen Fall kann nicht mehr von Manipulation gesprochen werden, zumindest nicht von verdeckter Manipulation, denn Herr Kramer hat die Chance, darauf zu reagieren.

Direkte Konfrontation

In der direkten Konfrontation will Ihr Gegenüber Sie mit fairen oder unfairen Mitteln zwingen, ein bestimmtes Verhalten zu zeigen. Er kann dabei auf Techniken setzen, die dazu geeignet sind, Sie oder andere zu überzeugen, oder Sie schlicht und einfach unter Druck zu setzen. Typische Elemente dieser Strategie sind:

- persönliche Angriffe,
- Emotionen schüren, um die Gegenseite zu verunsichern,
- Zeitdruck erzeugen, z. B. in Verhandlungen,
- auf der eigenen Position verharren,
- rhetorische Überlegenheit demonstrieren, z. B. durch (Verhandlungs- oder Einwandbehandlungstricks,

- die eigene Autorität ausspielen,
- offene Manipulation: Schmeicheln, Eitelkeiten ausnutzen, Gruppenmitglieder gegeneinander ausspielen.

Diese Strategie führt auf der Gegenseite zu Druck, Angst, Unruhe und infolgedessen zu Fehlern und Unsicherheiten. In Verhandlungen wird darauf gehofft, die Gegenseite damit in eine defensive Position zu bringen.

Den Gegner blockieren

Während die oben genannte Strategie eingesetzt wird, um ein Ergebnis zu erzielen, ist die Blockadestrategie darauf gerichtet, ein Ergebnis zu verhindern. Elemente dieser Strategie sind:

- grundsätzlich dagegen sein,
- Tatsachen betreiten,
- in der Argumentation des anderen nach Widersprüchen suchen,
- Stress erzeugen,
- Fachausdrücke / Fremdwörter verwenden, um zu verwirren,
- Angriffe und Provokationen gegen Personen, Strukturen, Prozesse,
- nicht verstehen wollen,
- Ausweichen, sich hinter dubiosen Regeln verstecken,
- absichtliches Missverstehen.

Blockade ist ein rein destruktives Verhalten. Im Grunde liegt demjenigen, der blockiert, nicht an einer Lösung. Diese Taktik muss noch nicht einmal in aggressiver oder offensiver Form durchgeführt werden. Dies kann auch ganz ruhig und scheinbar völlig sachlich geschehen.

Undurchsichtiges, hinterhältiges Vorgehen

Im Gegensatz zur Blockadestrategie will hier jemand durchaus etwas erreichen. Allerdings durch Lüge, Hinterhältigkeit und z. T. offene Manipulation. Elemente dieser Technik sind:

- Einsatz unlauterer rhetorischer Techniken (Verhandlungstricks),

- bewusster Einsatz von Verhandlungstechniken wie z. B. „good guy, bad guy ...",

- scheinbar positives und freundliches Einlullen der Gegenpartei,

- Aufmachen von Nebenkriegsschauplätzen oder anderen Themenfeldern,

- bewusst auf Zeit spielen, ohne dabei destruktiv zu wirken.

Beispiel

Frau Gruber möchte als freie Mitarbeiterin für ein Unternehmen arbeiten und verhandelt mit Herrn Meiner am Telefon über das Honorar. Er bietet deutlich weniger an, als sie sich vorgestellt hat. Er unterbricht das Telefonat kurz und meint, als er wieder ans Telefon kommt: „Frau Gruber, haben Sie es sich überlegt? Wir würden sehr gerne mit Ihnen zusammenarbeiten. Ich will ganz offen sein: Soeben war ein Kollege von Ihnen am Apparat, der schon zugesagt hat und zu unseren Bedingungen einsteigen

> würde. Wir brauchen Ihre rasche Entscheidung. Denn unsere
> Favoritin sind Sie."

Diese Strategie ist weniger angreifbar als die beiden anderen, zuvor genannten. Denn, wenn Sie einem konfrontativ auftretenden Gegner (Konfrontationsstrategie) einen Spiegel vorhalten können, müssen Sie hier die Techniken aufdecken. Denn die Gegenseite verhält sich ja scheinbar positiv.

Diese Strategien müssen nicht im Rahmen einer Sitzung oder Verhandlung auftreten. Sie können auch das generelle Verhalten einer Person über einen langen Zeitraum kennzeichnen, also das prinzipielle Vorgehen.

Abwehrtechniken

Auch hier gilt: Das Erkennen der Strategie ist der erste Schritt. Denn diese Strategien funktionieren im Grunde nur, wenn Sie darauf eingehen, wenn Sie also z. B.

- auf persönliche Angriffe reagieren,
- sich unter Zeitdruck setzen lassen,
- es zulassen, dass Nebenkriegsschauplätze aufgemacht werden.

Folgende Vorgehensweisen können Ihnen dabei helfen, mit derartigen Techniken umzugehen, wenn Sie sie erkannt haben:

- Fragen stellen: Fragen sind ein scharfes Schwert. Die bekannten W-Fragen (was genau, wie genau, warum, wie kommen Sie auf ...) können Sie gezielt einsetzen, um

Sachverhalte auf den Punkt zu bringen und Techniken wie Dagegensein oder Nebenkriegsschauplätze auszuhebeln.

- Versachlichen: Durch Fragen und Nachfragen, durch aktives Zuhören („Wenn ich Sie richtig verstanden habe, ...", „Denken Sie, dass ...") können Sie Emotionen herausnehmen oder persönliche Angriffe entschärfen.

- Ignorieren: Nicht einfach, aber wirkungsvoll. Gerade persönliche Angriffe, oder aber auch Strategien wie „good guy, bad guy" verpuffen so wirkungslos.

- Metaebene einnehmen: Hier treten Sie quasi aus der Situation heraus und sprechen *über* die Lage. Z. B. indem Sie das Verhalten der Gegenseite und Ihr eigenes Verhalten so beschreiben, wie es ein Außenstehender tun würde.

Beispiel

Herr Meiner hofft, dass Frau Gruber unter Zeitdruck gerät und sofort zu seinen Konditionen zusagt. Doch sie reagiert anders: „Hm, Herr Meiner, Sie setzen mich da arg unter Zeitdruck. Was halten Sie davon: Ich kalkuliere für mich noch einmal durch, ob sich Ihr Angebot für mich überhaupt noch lohnt. Ich melde mich bei Ihnen in einer Stunde wieder? Zum jetzigen Zeitpunkt kann ich Ihnen keine Zusage machen." Jetzt dürfte es Herr Meiner schwer haben, bei seiner Strategie zu bleiben.

Grundsätzlich gilt: Viele Taktiken funktionieren nicht, wenn Sie a) nicht darauf reagieren oder b) die Taktik als solche benennen. Denn sowohl Manipulatoren wie auch Personen, die mit unfairen Techniken arbeiten, bauen darauf, dass Sie auf die Manipulation oder die unfaire Taktik einsteigen. Nur dann funktionieren diese Techniken!

Mobbing – Gründe und Abhilfe

In den letzten Jahren ist der Begriff „Mobbing" – ursprünglich vom Verhaltensforscher Konrad Lorenz mit Blick auf Gruppenangriffe von Tieren verwendet – in unsere Alltagssprache eingeflossen. Der Begriff beschreibt das Handeln einer oder mehrerer Personen, das sich in schikanöser Form gegen eine Person oder eine Personengruppe richtet. Wichtig ist: Die schikanösen und herabwürdigenden Handlungen treten nicht nur einmal auf, sondern werden über einen längeren Zeitraum wiederholt. Einzelnes, unfaires Verhalten sollte man daher noch nicht als Mobbing bezeichnen. Typisch im beruflichen Kontext sind folgende Verhaltensweisen:

Übersicht über Mobbing-Verhaltensweisen

- Die Arbeitsleistung einer Person wird ständig kritisiert.

- Kollegen verweigern den Kontakt zu einer Person.

- Jemand trifft ständig auf abwertende Blicke, Gesten oder konsequentes Schweigen.

- Jemand wird in einen Raum weitab von den Kollegen versetzt.

- Es werden bewusst Gerüchte über jemanden verbreitet.

- Eine Behinderung wird als Anlass für Spott und Häme genommen.

- Der Gang, die Stimme oder Charakteristika einer Person werden imitiert, um sie lächerlich zu machen.

- Kollegen machen sich über die Nationalität lustig.

- Jemand wird gezwungen, Arbeiten auszuführen, die das Selbstbewusstsein verletzen.

- Schimpfworte oder andere entwürdigende Ausdrücke werden der Person nachgerufen.

- Es erfolgen sexuelle Annäherungen oder verbale sexuelle Angebote.

- Der Vorgesetzten erteilt sinnlose oder überfordernde Arbeitsaufgaben.

- Man zwingt jemanden zu gesundheitsschädlichen Arbeiten.

- Die Person wird körperlich misshandelt oder bedroht.

Mobbing geht in seiner Intensität über die üblichen Konflikte, Spannungen oder Eifersüchteleien am Arbeitsplatz hinaus. Nicht jeder verbale Angriff, nicht jede kleine Schikane ist bereits als Mobbing zu werten. Doch, wo liegen nun die Ursachen für Mobbing und was kann man als Opfer oder auch als helfender dritter Außenstehender dagegen tun?

Gründe für Mobbing

Gründe für Mobbing liegen

- in der Organisation, z. B. dem Unternehmen,

- bei den Mobbing-Tätern, z. B. der Persönlichkeit

- und – leider – auch den Mobbing-Opfern, z. B. in einem mangelnden Selbstwertgefühl, was bestimmte Verhaltensweisen begünstigt.

Ursachen, die in der Organisation liegen

Das Unternehmen wird selten allein der Auslöser sein. Eine solche Erklärung würde die Mobbing-Täter von ihrer Verantwortung freisprechen. Allerdings kann die Kultur eines Unternehmens das Mobbing befördern oder eine Lösung des Mobbingproblems sogar behindern. Z. B. durch

- stressreiche Arbeitsbedingungen, die potenziell zu Konflikten führen,
- Versagen von Führungskräften, z. B. schwache Vorgesetzte, oder sogar in das Mobbing verwickelte Vorgesetzte,
- schlechte Arbeitsorganisation, wenig Struktur, die Mobbing verhindert,
- schlechte Unternehmenskultur, z. B. Förderung von Neid und Konkurrenzdenken,
- schlechte Personalpolitik, z. B. Erzeugen von Verliererproblematik.

Die genannten Bedingungen bieten sozusagen die Plattform, auf der sich das Mobbing entfalten kann.

Ursachen, die im Täter liegen

Täter sind diejenigen, von denen das Mobbing ausgeht. Die Ursache für das Verhalten kann in ihrer Persönlichkeit liegen (z. B. Neurosen) oder auch in ihren persönlichen Zielen (z. B. eine Nebenbuhlerin schädigen) oder auch in ihrem Charakter (z. B. die Täter quälen andere Personen aus Langeweile oder Spaß). Nicht selten finden sich auch Gruppen von Personen zusammen, die als Täter handeln. Hier ist natürlich auch die

Gruppenpsychologie im Spiel. Typische Tätermotive sind z. B. folgende:

- eigene Ziele verfolgen und Gegner ausschalten,
- aus einer früheren, eigenen Opferrolle heute nun anderen das antun, was man früher selbst erlitten hat,
- von der eigenen Schwäche anderen gegenüber ablenken (treten, weil man buckeln muss),
- sich als Pädagoge fühlen („Durch die harte Schule müssen wir alle." „Mir haben die Schläge früher auch nicht geschadet."),
- neidisch sein (auf Klügere, Jüngere, Glücklichere),
- sich selbst nicht im Griff haben (Choleriker).

Gründe, die im Opfer liegen

Obwohl es absolut falsch wäre, die Täter von der Verantwortung freizusprechen, spielen auch die Opfer eine gewisse Rolle. Täter suchen sich ihre Opfer gezielt oder intuitiv aus. Sie spüren, wer sich als Opfer eignet. Opfer fühlen sich zumeist unschuldig. Sie sehen sich selbst als die Guten und die Täter als die Bösen. Und leider gilt: Manche Personen werden im Laufe ihres Berufslebens wiederholt zu Opfern. Bei einem Wechsel des Arbeitsplatzes wechseln sie mitunter nur von einem Täter zum nächsten. Gründe für diese wiederholten Mobbingerfahrungen können auf der Opferseite sein:

- Soziale Kompetenz und Selbstwertgefühl: Je geringer das Selbstwertgefühl einer Person ist, desto eher wird sie sich durch Kritik oder Angriffe in der Defensive sehen und unangemessen reagieren, was das Täterverhalten bestärkt oder zu auslösenden Situationen führt.

- Neurotizismus: Dieser Begriff bezeichnet die emotionale Stabilität einer Person. Gemessen wird Neurotizismus z. B. mit dem NEO-FFI (siehe S. 16). Personen mit niedrigen Werten gelten als emotional stabil, ruhig, ausgeglichen. Personen mit hohen Neurotizismuswerten können dagegen häufiger Situationen schaffen, die dazu führen, dass sie von anderen abgelehnt werden.

- Gewissenhaftigkeit und Unnachgiebigkeit: Häufig halten sich Mobbing-Opfer für unbestechlicher, ehrlicher, akkurater als die Kollegen. Einhergehend damit können sich typische Opfer durch Rechthaberei in entsprechend ungünstige Situationen bringen.

> Die genannten Aspekte deuten darauf hin, dass es nicht das typische Mobbing-Opfer gibt, sondern dass sich generell Personen als Opfer eignen, die – in welcher Weise auch immer – gegen die Gruppennorm verstoßen oder sogar aktiv dagegen arbeiten.

Was kann man tun?

Häufig sehen Mobbing-Opfer nur die eigene Kündigung als Ausweg. Doch das ist sicher die schlechteste und sollte nur die allerletzte Alternative sein. Unabhängig von der Frage der Schuld oder den Gründen für das Mobbing, können folgende Strategien empfohlen werden:

Strategien für Mobbing-Opfer

- Früh schon sollte dem Täter (oder den Tätern) ein klares Stopp als Signal gegeben werden. Mitunter verstehen Täter (oder Gruppen von Tätern) nur die Sprache der Drohung. Angst vor massiver Gegenwehr oder Strafe ist oft die einzige Chance, die Täter von weiteren Taten abzuhalten. Bekehrungsversuche schlagen zumeist fehl.

- Häufig erscheint das frühzeitige Einschalten eines Vorgesetzten (oder dessen Vorgesetzten) oder des Betriebsrates sowie der Mobbingstelle geboten.

- Menschen, die wiederholt und in unterschiedlichen Situationen Opfer von Mobbing werden, sollten unbedingt nach eigenen, das Mobbing womöglich auslösenden oder fördernden Bedingungen bzw. Faktoren zu suchen. Dies kann mit der Hilfe eines Psychologen / einer Psychologin geschehen. Es geht dabei weniger um die Frage der Schuld als vielmehr um die Frage, wie in Zukunft Ähnliches vermieden werden kann.

Auf einen Blick: Schwierige Situationen meistern

- Konflikte entstehen, wenn Unvereinbares aufeinanderprallt. Oft stehen die Konfliktparteien einer Lösung selbst im Weg. Konflikte können nicht immer gelöst werden, manchmal lassen sie sich lediglich regeln oder sie werden von außen entschieden.

- Ein lösungsorientiertes Gespräch kann nur funktionieren, wenn Sie bestimmte Regeln beachten.

- Wer manipuliert, will sich Vorteile verschaffen. Er wendet dafür verschiedenste Taktiken an, die unbemerkt bleiben sollen. Sie wehren sich gegen Manipulationen am effektivsten, wenn Sie die Taktik erkennen und benennen.

- Macht hat viele Gesichter und kann sehr unterschiedlich ausgespielt werden. Problematisch wird erst der Missbrauch von Macht.

- Sie können Machtspiele durchkreuzen, indem Sie Fragetechniken einsetzen, Angriffe einfach ignorieren oder aus der Situation heraustreten und sie benennen.

- Mobbing bedeutet, Menschen über lange Zeiträume hinweg zu schikanieren und in ihrer Würde zu verletzen. Mobbing sollte mit allen Mitteln und so schnell wie möglich Einhalt geboten werden. Unabhängig von der Frage der Schuld sollte in der Unternehmenskultur, bei den Tätern und Opfern nach Ursachen gesucht werden, um Wiederholungsfälle zu vermeiden.

Stress im Job bewältigen

Wer kennt diese Tage nicht, an denen man morgens schlecht aus dem Bett kommt, sich irgendwie schlapp fühlt, im Büro keine rechte Energie entwickelt und abends zu Hause nicht abschalten kann und über die Arbeit nachdenkt. Man fühlt sich überlastet oder nervös. Die Auslöser sind häufig Überforderung, Angst, Druck und Stress. Etwas Stress gehört zum Leben dazu, auf Dauer aber kann er krank machen.

In diesem Kapitel lesen Sie,

- welche Art von Druck selbst gemacht ist und wie Sie ihn wieder loswerden (ab S. 110),

- wie Sie Stress und Druck von außen mit einfach anzuwendenden Techniken in den Griff bekommen (ab S. 118),

- wie Sie eine Work-Life-Balance erreichen können, die Ihnen nachhaltig gut tun wird (ab S. 120).

Mit Angst und Druck umgehen

Leistungsdruck, Zeitdruck, Angst, einen Auftrag zu verlieren oder gar den Arbeitsplatz – das alles begleitet unser Arbeitsleben leider öfter als uns lieb sein kann. Doch auch wenn es so scheinen mag: Wir sind dem nicht hilflos ausgeliefert.

Selbst gemachter Druck: die Antreiber

In Belastungssituationen fühlen wir uns häufig nicht wertgeschätzt oder anerkannt. Wir entwickeln dann Ideen, wie wir die fehlende Anerkennung herstellen könnten: indem wir keine Fehler machen, anderen gefallen oder besonders stark auftreten. Diese Ideen basieren auf Erfahrungen oder einprägsamen Sätzen von wichtigen Bezugspersonen, wie „Ein Indianer kennt keinen Schmerz". Sie werden verinnerlicht und lenken das Handeln wie Gebote, die uns antreiben, ohne dass uns dies bewusst sein muss.

Beispiel

 Stellen Sie sich vor, Sie befinden sich in einem für Sie wichtigen Meeting mit Kollegen und wollen einen Redebeitrag leisten. Bevor Sie etwas sagen, packt Sie die Angst, etwas Falsches zu sagen oder abgelehnt zu werden. In einer solchen Situation denken manche Menschen, dass sie akzeptiert werden, wenn sie jetzt bloß keinen Fehler machen.

Das Beispiel zeigt, wie wir Opfer unseres eigenen Antreibers werden. Der Antreiber heißt hier: Ich bin o. k., wenn ich perfekt bin. Das Resultat: Der Mensch stresst sich selbst, denn wer ist schon perfekt? Weitere sehr wirkungsvolle Antreiber sind: Ich bin o. k., wenn ich stark bin. Ich bin o. k., wenn ich gefällig bin. Ich bin o. k., wenn ich mich anstrenge. Ich bin o. k., wenn ich mich beeile. Lassen Sie uns genauer betrachten, wohin uns diese Antreiber führen können. Erkennen Sie manche Situation wieder?

Leitfaden: Welchen Antreiber erkennen Sie wieder?

Ich bin o. k., wenn ich perfekt bin.

- Versuchen Sie, alles möglichst genau und perfekt zu machen?
- Nehmen Sie Kritik vorweg?
- Ärgern Sie sich über Hinweise, wie Sie etwas noch besser hätten machen können?
- Sind Sie manchmal angespannt und empfinden gut gemeinte Ratschläge als persönlichen Angriff?
- Streben Sie nach Vollkommenheit? Neigen Sie zu Übererfüllung von Zielen?

Ich bin o. k., wenn ich stark bin.

- Haben Sie den Wunsch, eine Situation zu erkennen und unter Kontrolle zu haben?
- Streben Sie danach, Ihre eigenen Emotionen möglichst nicht zu zeigen?
- Erhalten Sie oft verantwortungsvolle Aufgaben?
- Erleben Sie Konkurrenz als Kampf, den Sie gewinnen wollen?
- Fällt es Ihnen eher schwer, andere für Sie sorgen zu lassen und machen lieber alles selbst?

Ich bin o. k., wenn ich gefällig bin.

- Versuchen Sie häufig, die Wünsche der anderen zu erkunden und es anderen recht zu machen?
- Sind Sie sensibel für soziale Stimmungen?
- Fällt es Ihnen eher schwer, Nein zu sagen und sich abzugrenzen?
- Ist Ihnen schon mal die Idee gekommen, dass andere Sie ausnutzen könnten?
- Tendieren Sie dazu, eigene Ansprüche eher nach hinten zu stellen?
- Fällt es Ihnen manchmal nicht leicht, zu wissen, was Sie wollen und entsprechend zu agieren?

Ich bin o. k., wenn ich mich anstrenge.

- Zweifeln Sie eher häufig an Ihrer eigenen Leistungsfähigkeit?
- Glauben Sie manchmal, dass Sie Ihre Aufgaben einfach nicht schaffen werden? Und dass Sie nur mit höchster Anstrengung zum Ziel kommen?
- Sind Sie meist beharrlich, aber auch verbissen?
- Denken Sie manchmal, dass Arbeit wehtun muss und alles, was leicht von der Hand geht, nicht als Arbeit zählt?
- Tendieren Sie dazu, sich zu hohe Ziele zu setzen?
- Fällt es Ihnen eher schwer, Erfolge zu genießen?

Ich bin o. k., wenn ich mich beeile.

- Stehen Sie häufig unter Zeitdruck? Glauben Sie öfter, sich beeilen zu müssen? Empfinden Sie häufig Hektik?
- Werden Sie in Interaktionen von anderen unterbrochen und haben das Gefühl, nicht alles erzählen zu können, was Sie auf dem Herzen hatten?
- Sind Sie häufiger aktiviert als Ihnen selbst lieb ist?
- Treffen Sie eher rasch Entscheidungen?

Wenn man zu viel von sich fordert, nimmt der Aufwand zu und die Wahrscheinlichkeit, dass Misserfolge erlebt werden, wächst. Dies führt wiederum zu Selbstabwertungen. Die Folge: Man erwartet noch mehr von sich. Durchbrechen Sie diesen Kreislauf und vertreiben Sie die Antreiber! Die folgende Übung zeigt Ihnen, was Sie konkret machen können.

Übung

Kommt Ihnen der ein oder andere Antreiber bekannt vor? Wissen Sie, in welchen Situationen welcher Antreiber besonders wirksam ist? Finden Sie einmal anhand der Fragen aus der Liste oben heraus, ob Ihnen der ein oder andere Antreiber bekannt vorkommt und wann Sie ihm schon mal begegnet sind. Niemand steht unter ständigem Druck seines Antreibers, vielmehr tauchen sie situationsspezifisch auf. Reflektieren Sie Ihren Antreiber. Legen Sie sich eine Art Entwicklungs-Tagebuch an, das Sie bei dieser und den anderen Übungen begleitet. (Sie können auch online einen kurzen Antreiber-Test ausprobieren, beispielsweise einen kostenfreien unter www.poeschel.net/zeit/antreiber.php).

Wenn Sie Ihre Antreiber entlarven, ist schon der erste Schritt getan, um sich nicht von diesen dominieren zu lassen und besser mit hausgemachtem Druck umgehen zu können.

Lassen Sie Erlauber wirken

Stellen Sie nun in einem zweiten Schritt einem Antreiber einen Erlauber gegenüber.

- Den Ich-muss-perfekt-sein-Antreiber formulieren Sie um in „Ich darf Fehler machen und daraus lernen" und „Ich darf mal mehr mal weniger leisten. Perfektion ist schön, aber nicht immer sinnvoll". Beachten Sie zudem den Vorteil des Nicht-immer-perfekt-Seins: Andere werden Sie als entspannter wahrnehmen und sich nicht von Ihrem Perfektionismus bedrängt fühlen.

- Dem Ich-muss-stark-sein-Antreiber stellen Sie die Erlauber gegenüber „Ich darf Gefühle zeigen und vertrauen" sowie „Ich darf mir auch mal Hilfe holen". Wenn Sie offener anderen gegenüber sind und Schwächen zeigen, werden Sie als selbstbewusster wahrgenommen. Zudem fühlt sich Ihr Gegenüber weniger von Ihnen zum Kampf aufgefordert und wird Ihre Gegenwart als entspannter empfinden.

- Den Sei-gefällig-Antreiber können Sie mit Erlaubern begegnen, die auf die Verwirklichung eigener Ansprüche abzielen: „Andere schätzen mich auch, wenn ich eigene Wünsche habe" sowie „Ich darf mich zumuten". Bedenken Sie, dass das Äußern eigener Zielvorstellungen sogar förderlich ist, um soziale Harmonie herzustellen, da Sie dem anderen Menschen eine Möglichkeit bieten, mit Ihnen in Interaktion zu treten und da Sie sich menschlicher zeigen.

- Ist „Streng dich an" Ihr Antreiber, sagen Sie sich in Leistungssituationen „Ich darf während der Arbeit gelassen sein" oder „Auch Dinge, die mir leicht fallen, zählen und sind wertvoll". Sehen Sie zudem die Vorteile aus dieser Haltung: Menschen in Ihrer Umgebung werden sehen, dass Ihnen Dinge leicht fallen und trauen Ihnen deswegen mehr zu.

- Wenn Sie die Hektik des Beeil-dich-Antreibers ändern wollen, sagen Sie sich selbst „Ich darf entscheiden, wann ich mich beeile und wann nicht" sowie „Ich darf mir Zeit und Raum für wesentliche Dinge nehmen". Sie werden in Interaktionen erleben, dass es vorteilhaft ist, sich Ruhe zu nehmen, da Sie von den anderen als präsenter erlebt werden. Dies hat zum Beispiel zur Folge, dass man Ihnen besser zuhören wird.

Übung

 Finden Sie die Erlauber zu Ihren persönlichen Antreibern. Machen Sie sich die Erlauber immer wieder deutlich. Am besten Sie schreiben diese auf und hängen den Zettel an einen Platz, an dem er Ihnen jeden Tag in die Hände fallen kann oder er erscheint auf dem Bildschirm, sobald Sie den Rechner starten.

Wenn der Druck von außen kommt

Stressauslöser, sogenannte Stressoren, von außen können z. B. Termindruck, ungenaue Anweisungen von Chefs, ungerechtfertigte Kritik, Ärger zu Hause, Alkohol, Bewegungsmangel, zu wenig Schlaf, private Trennungen oder auch Situationen wie Stau oder der Einkauf kurz vor Ladenschluss sein.

Die Rolle der Persönlichkeit bei Stress

Die Persönlichkeit eines Menschen beeinflusst das Stressempfinden. Was bei einem Menschen – sagen wir Martina – Stress auslöst, kann bei einem anderen Menschen – zum Beispiel Thomas – ganz harmlos wirken. Die individuelle Beurteilung und Interpretation einer Situation und ihrer Bewältigbarkeit sowie der eigenen Fähigkeiten beeinflusst das Maß an Stress. Wenn Thomas selbstbewusst ist und zudem schon häufig eine Präsentation gehalten hat, kann er einschätzen, ob er ein guter Redner ist und mit der Situation umgehen kann. Der Gedanke an seinen bevorstehenden Vortrag löst bei ihm kein Unbehagen aus. Martina, als Präsentations-Anfängerin, fühlt sich davon dagegen gestresst.

Auch andere Personenvariablen spielen eine Rolle: etwa die oben beschriebenen Dimensionen Personen- und Sachorientierung (siehe S. 9). Wenn Martina personenorientiert ist, wird ihr wichtig sein, was andere von ihr halten, was in der Vortragssituation zusätzlich Stress auslösen kann. Wenn Thomas hingegen eher sachorientiert ist, wird er Kritik nicht persönlich nehmen und gelassener damit umgehen.

Stressreaktionen

In extremen Situationen reagiert der Körper mit kurzfristiger Energiebereitstellung, Dies ist sinnvoll, wenn man schnell einem Feind entfliehen will, z. B. bei Angriff von einem Dobermann. In diesem Fall stellt der Körper alle Reserven zur Verfügung, um zu überleben und zeigt Stressreaktionen wie Schwitzen, Herzrasen und Aufmerksamkeitsaktivierung. Sind die Stressoren nicht durch Fluchtreaktion zu vermeiden, bleibt die körperliche Aktivierung bestehen, und es kommt zu langfristigen körperlichen Schäden wie z. B. Bluthochdruck, Herzkreislauferkrankungen oder Schmerzen.

Gedankliche Reaktionen auf langfristigen Stress bestehen in Denkblockaden, Gedankenkreisen sowie Empfinden einer inneren Leere. Emotionale Reaktionen können Angst, Panik, Gereiztheit, Wut oder Nervosität sein.

Dauerstress ist nicht nur Mitverursacher zahlreicher Erkrankungen – wie auch Rückenschmerzen –, sondern hat häufig weiteres schädigendes Verhalten zur Folge. So trinken gestresste Menschen mehr Alkohol, rauchen mehr und die Ernährung leidet ebenfalls. Auf vegetativ-hormoneller Ebene werden Hormone ausgeschüttet, die das Herz-Kreislauf-System auf Hochtouren bringen und in körperliche Reaktionen wie Schwitzen, Erröten, Kurzatmigkeit, Herzrasen, Magen-Darm-Beschwerden und eingeschränkte Immunabwehr- und Sexualfunktion münden können.

Stresserleben ist abhängig von der persönlichen, subjektiven Interpretation der Situation und der eigenen Fähigkeiten. Dabei spielen Erfahrungen, Techniken im Umgang mit der Situation, Veranlagungen und das aktuelle körperliche Befinden eine Rolle. Das Stresserleben beeinflusst die ganze Person und kann körperliche und psychische Auswirkungen haben.

Stress in den Griff bekommen

Selbst in stressigen Situationen gibt es Möglichkeiten, das eigene Erleben zu steuern und sich selbst zu regulieren. Es sind nicht die Dinge selbst, die uns stressen, sondern wie wir sie wahrnehmen. Unsere Wahrnehmung wird durch unsere Gedanken gesteuert, aber auch dadurch, wie wir körperlich reagieren. Beides – Gedanken und Körper – können Sie in vielen Situationen schon durch einfache Techniken beeinflussen, um kurzfristig Stress abzubauen. Langfristige Veränderungen werden durch regelmäßig angewendete Techniken und eine grundlegendere Veränderung im Verhalten erreicht.

Pragmatische Techniken zum Stressabbau

Hier einige einfache, aber wirksame Techniken, wie Sie Ihre Gedanken beeinflussen und so Stress mindern können:

- Lenken Sie Ihre Wahrnehmung, indem Sie kurz aus dem Fenster schauen oder eine andere Tätigkeit aufnehmen z. B. Blumen gießen. Rufen Sie sich Bilder und Erinnerungen ins Gedächtnis, die positiv wirken wie z. B. Wiese, Strand, See, Urlaube.

- Führen Sie Selbstgespräche wie z. B.: „Wenn ich Fehler mache, ist das nicht so schlimm", „Konzentriere dich auf das, was unmittelbar zu tun ist", „Es gibt Schlimmeres", „Nimm nicht alles persönlich".

- Kontrollieren Sie Ihre Gedanken: Achten Sie darauf, wann Sie ein Katastrophen-Gefühl bekommen und ob die Situation auch weniger dramatisch betrachtet werden kann.

- Sprechen Sie mit einer Person, der Sie vertrauen über den eigenen Stress.

- Zerlegen Sie konkrete Probleme in Teilbereiche. Gehen Sie systematisch eine Lösung an. Legen Sie mögliche Schritte vorher fest und schreiben Sie sie auf. Erarbeiten Sie sich einen Plan B, falls Plan A nicht funktioniert. Dabei beachten Sie, was jetzt ansteht und nicht in der Zukunft.

- Entwickeln Sie eine wertschätzende Haltung sich selbst gegenüber, indem Sie zum Beispiel ein pünktliches Beenden der Arbeit als gute Organisation interpretieren.

Übung

 Probieren Sie die offene Haltung auch anderen gegenüber aus, wenn Sie nächstes Mal von einer Person unter Druck gesetzt werden. Wenn z. B. ein Chef oder eine Chefin laut wird, nehmen Sie dies nicht persönlich, sondern betrachten die Person mit einer offenen, wertschätzenden Haltung und fragen sich: „Dies ist also meine Chefin, eine interessante und komplexe Person. Was möchte Sie jetzt bewirken? Warum spricht diese Person so, wie sie spricht?" Bleiben Sie neugierig und offen, versuchen Sie, nicht sofort zu urteilen und zu werten. Stellen Sie offene Fragen, anstatt zu reagieren.

Tricks zum körperlichen Abbau von Stress sind folgende:

- spontane Entspannung, indem Sie Ihren Arm streicheln, die Hand auf den Bauch legen oder den Atem zählen,

- Abreaktionen durch Schreien, Treppe hochlaufen, Sport treiben, mit Fuß aufstampfen,

- Wasserhaushalt in Ordnung bringen, genug Wasser während des gesamten Tages trinken,

- leichte kreisende Bewegungen mit Schultern, Kopfkreisen, Schritt verlangsamen, laut ausatmen,
- bewusst und ruhig atmen – das entspannt, da Sauerstoff und Energie in den Körper gebracht werden,
- für körperliche Fitness sorgen, regelmäßig Sport treiben,
- ausreichend schlafen und sich sich ausgewogen ernähren,

Probieren Sie die einfachen Techniken bei der nächsten Gelegenheit selbst aus.

Work–Life–Balance als Ideal

Die wirksamste Technik, langfristig und nachhaltig ungestresst zu leben, besteht darin, mit sich und seinem Leben zufrieden zu sein: Menschen fühlen sich gesund, wenn ihr Handeln im Einklang mit ihren inneren Wünschen, Zielen und Vorstellungen steht. Dazu gehört auch, dass die Arbeitszeit im passenden Verhältnis zur Freizeit steht, dass man für Freude und Spaß im Leben sorgt und positive Kontakte pflegt. Der Ausdruck „Work-Life-Balance" bezeichnet diesen ausgewogenen Zustand. Besteht eine große Diskrepanz zwischen dem, was man will und dem, was man tut, erlebt der Mensch innere Spannungen – also Stress.

Zeitliche Balance

Gestresste Menschen finden häufig keinen Ausgleich zu Ihrer Arbeit. Ihnen fehlt die Kraft für Dinge, die eigentlich wichtig sind, die sie eigentlich tun wollen. So findet eine berufstätige

Mutter zu wenig Energie für abendlichen Sport oder um Freunde anzurufen. Doch wenn Sie gesund und munter leben wollen, sollten wichtige Lebensbereiche nicht zu kurz kommen. Dieses sind folgende:

- Beruf und Leistung: Job, Aus- und Weiterbildung, Karriere und Vermögen,

- Körper und Gesundheit: Sport, Entspannung, Ernährung oder Gesundheit,

- Kontakt und Familie: Familie, Partnerschaft oder Freunde,

- Sinn und Kultur: Selbstverwirklichung, Zukunftsfragen, Religion oder Philosophie und Kunst.

Verbringen Sie ausgewogen Zeit für diese Lebensbereiche, werden Sie mehr Energie zur Verfügung haben, als wenn Ihr Leben nur mit einem Bereich ausgefüllt wäre. Ein erfüllter Abend mit Freunden kann die innere Batterie wieder aufladen, die sich nach einem anstrengenden Tag im Büro leer angefühlt hat. Im besten Fall stehen private Ziele und berufliche Ziele im Einklang. Dazu gehören beispielweise Ziele wie „zweimal die Woche früh genug nach Hause kommen, um gemeinsam zu kochen"; „jede Woche 12 km joggen" oder „einmal die Woche mit Freunden etwas unternehmen".

Wünschenswert wäre, wenn berufliche und private Bereiche in einem akzeptablen zeitlichen Verhältnis zueinander stehen und wenn alle vier Bereiche vertreten sind, sonst kann es zu Unzufriedenheit oder sogar psychosomatischen Erkrankungen kommen.

Erstellen Sie sich einen Work-Life-Balance-Plan

Es ist wichtig, seine eigene Work-Life-Balance wie jedes andere Projekt zu planen und nach einer bestimmten Zeit gegenzuchecken, ob man die Maßnahmen umgesetzt hat. Wenn Sie manche Dinge noch nicht umgesetzt haben, holen Sie sich Unterstützung z. B. durch Freunde, Familie oder auch durch kreative Belohnungen oder Bestrafungen, die Sie sich selbst auferlegen.

Um zufrieden und gesund im Job zu sein, ist ein persönlicher Work-Life-Balance-Plan eine effektive Methode. Hierbei stellen Sie einen Plan für sich selbst auf, so als ob Sie ein Projekt planen würden. Wir haben Ihnen auf der nächsten Seite einen Beispielplan aufgestellt, den Sie Ihren eigenen Bedürfnissen entsprechend modifizieren können.

Übung

Stellen Sie Ihren persönlichen Work-Life-Balance-Plan auf und nutzen Sie dafür die Anregungen, die Sie in diesem Buch finden. Auch hier ist ein Entwicklungs-Tagebuch unterstützend, in dem Sie Ihre Erfolge nachverfolgen können, was wiederum motivierend wirken wird.

Persönlicher Work-Life-Balance-Plan (Beispiel)

Bereich	konkrete Schritte	Unterstützung durch	Termin	Termin Gegencheck
Sport	2x die Woche abends joggen	Freund, der mitkommt	Ab sofort	In 4 Wochen
Ehe	2x die Woche um 18h zu Hause sein, um gemeinsam zu kochen	Eintragung in Kalender, Blockierung der Arbeitszeit mit „privat"	Ab sofort	In 4 Wochen Partner fragen, ob er Veränderung bemerkt hat
Gesundheit	Täglich Autogenes Training in der Mittagspause	CD mit Instruktion, die auf Schreibtisch liegt	In einer Woche starten	In zwei Monaten Wirkung beurteilen

Auf einen Blick: Gesund im Job

- Durch persönliche Antreiber setzen wir uns nicht selten unnötig selbst unter Druck. Stellen Sie jedem Antreiber einen Erlauber gegenüber, der Sie davon frei macht.

- Die Reaktionen auf Stress von außen sind individuell verschieden. Sie haben es in der Hand, Ihr Stressempfinden und Ihre Wahrnehmung von Stresssituationen zu steuern. Verschiedene Techniken können Ihnen dabei helfen.

- Planen Sie genug Zeit für alle wesentlichen Lebensbereiche ein: Beruf und Karriere, Sport und Gesundheit, Familie und Freunde, Kultur und Sinnfragen. Eine solche Work-Life-Balance schützt Sie nachhaltig vor Stress und erhöht die Lebensqualität.

Stichwortverzeichnis

Bibliografische Information der Deutschen Nationalbibliothek
Die Deutsche Nationalbibliothek verzeichnet diese Publikation in der Deutschen Natio-
nalbibliografie; detaillierte bibliografische Daten sind im Internet über http://dnb.ddb.de
abrufbar.

ISBN 978-3-448- 09950-8
Bestell-Nr. 00332-0001

© 2009, Rudolf Haufe Verlag GmbH & Co. KG, Niederlassung Planegg b. München
Postanschrift: Postfach, 82142 Planegg
Hausanschrift: Fraunhoferstraße 5, 82152 Planegg
Fon (0 89) 8 95 17-0, Fax (0 89) 8 95 17-2 50
E-Mail: online@haufe.de
Internet: www.haufe.de
Redaktion: Jürgen Fischer

Konzeption und Realisation: Sylvia Rein, 81371 München
Lektorat: Gisela Fichtl, 81247 München, und Sylvia Rein, 81371 München
Umschlaggestaltung: Kienle gestaltet, 70178 Stuttgart
Umschlagentwurf: Agentur Buttgereit & Heidenreich, 45721 Haltern am See
Druck: freiburger graphische betriebe, 79108 Freiburg

Die Autoren

Boris von der Linde

Dipl.-Psychologe, langjährige Tätigkeit als Berater bei Kienbaum Management Consultants, trainiert Führungskräfte und Mitarbeiter in den Bereichen Führung und Kommunikationspsychologie und verantwortet Projekte in der Eignungsdiagnostik und Personalentwicklung.

Dr. Svea Steinweg

Diplom-Wirtschaftspsychologin, zertifizierter Coach, arbeitet als Beraterin im Berliner Büro für McKinsey & Company. Ihr Schwerpunkt liegt im strategischen Personalmanagement sowie im Coaching von Fach- und Führungskräften.

Weiterführende Literatur

„Psychologie für Führungskräfte" von Anke von der Heyde und Boris von der Linde, 212 Seiten, € 24,95, ISBN 978-3-448-08639-3, Bestell-Nr. 00295

„Gesprächstechniken für Führungskräfte. Methoden und Übungen zur erfolgreichen Kommunikation" von Anke von der Heyde und Boris von der Linde, 220 Seiten, € 24,95, ISBN 978-3-448-09518-0, Bestell-Nr. 00742

TaschenGuides – Qualität entscheidet